D1918680

Titelfotos: *Pseudojuloides* cf. *elongatus* (Mitte), imponierende Männchen von *Paracheilinus octotaenia* (unten). Obere Reihe (von links nach rechts): *Coris picta, Paracheilinus cyaneus, Pseudojuloides mesostigma* (T. Hirata), *Macropharyngodon choati*. Rücken: *Choerodon* sp.
Umschlagrückseite: *Pseudolabrus* sp. (oben); *Coris gaimard, Epibulus insidiator, Anampses femininus* (untere Reihe, von links nach rechts).

Titel der Originalausgabe: Fairy & Rainbow Wrasses and their relatives
A Comprehensive Guide to Selected Labroid Fishes

© 2002 Zoonetics. PO Box 124, Seaford 3198, Victoria, Australien
Text © 2002 Rudie H. Kuiter
Fotos © 2002 Rudie H. Kuiter oder der jeweils angegebene Fotograf

Die Deutsche Bibliothek – CIP-Einheitsaufnahme

Ein Titeldatensatz für diese Publikation ist bei
Der Deutschen Bibliothek erhältlich

ISBN 3-8001-3973-1

Das Werk einschließlich aller seiner Teile ist urheberrechtlich geschützt. Jede Verwertung außerhalb der engen Grenzen des Urheberrechtsgesetzes ist ohne Zustimmung des Verlages unzulässig und strafbar. Das gilt insbesondere für Vervielfältigungen, Übersetzungen, Mikroverfilmungen und die Einspeicherung und Verarbeitung in elektronischen Systemen.

© 2002 Verlag Eugen Ulmer GmbH & Co.
Wollgrasweg 41, 70599 Stuttgart (Hohenheim)
Verlag Eugen Ulmer im Internet: www.ulmer.de

Übersetzung aus dem Englischen,
Lektorat und Satz: Michael Kokoscha
Layout: Rudie H. Kuiter
Verantwortlich für Artenbestimmung
und Taxonomie: Rudie H. Kuiter
Produktion: IKAN-UW-Archiv, 65933 Frankfurt
Printed in Spain

Rudie H. Kuiter

Lippfische
Labridae

1290 Farbfotos

VERLAG
EUGEN
ULMER

Danksagungen: Mein Dank gilt denen, die mir bei taxonomischen Fragen geholfen und Informationen beigesteuert haben, besonders Martin Gomon und Jerry Allen, sowie den Fotografen. Jerry Allen, Neville Coleman, Tomonori Hirata, Roger Steene und Phil Woodhead stellten großzügig viele Fotos zur Verfügung. Hiroyuki Tanaka half mir sehr dabei, zusätzliches Material von verschiedenen japanischen Fotografen zu beschaffen.
Bildquellen: Die jeweiligen Fotografen sind in den Bildunterschriften genannt. Alle anderen Fotos und Illustrationen stammen vom Autor.

Inhalt

Systematischer Teil

Einleitung

Die Familie Labridae, deren Mitglieder als Lippfische bekannt sind, ist eine der größten und wichtigsten Gruppen der Riff-Fische. Über 460 Arten in mehr als 65 Gattungen sind beschrieben, doch Taxonomie und Verwandtschaftsverhältnisse bedürfen weiterer Bearbeitung. Viele Arten sind nahe miteinander verwandt und erst vor relativ kurzer Zeit entstanden. Die Arten der Gattungen *Paracheilinus* und *Cirrhilabrus* zeigen innerhalb ihres Verbreitungsgebietes oft große Farbvariationen, so dass ihr taxonomischer Status schwer festzustellen ist. Verschiedene Lippfisch-Gruppen werden zurzeit in Tribus oder Unterfamilien eingeteilt.

Da die Artenzahl der Familie sehr groß ist, war es nicht möglich, sie alle in einem Band dieser Buchreihe vorzustellen. Man mag verzeihen, dass in diesem Buch die schönsten Arten zuerst präsentiert werden. Sie umfassen jedoch gleichzeitig auch die kleinsten Fische, so dass sie auch oft im Aquarium gepflegt werden. Außerdem werden Unterfamilien und ausgesuchte große Arten vorgestellt, die aus der Perspektive des Tauchers und Aquarianers besonders interessant sind. Einige der spektakulärsten Gattungen wie *Paracheilinus* und *Cirrhilabrus* gehören zur Unterfamilie Cheilininae. Die Männchen zeigen brillante Farben, und die meisten Arten bleiben relativ klein (ungefähr 10 cm Länge). Die gleiche Unterfamilie enthält jedoch auch einige der größeren Arten. Die größte darunter ist *Cheilinus undulatus*, bei Tauchern als Napoleon bekannt. Die Fische erreichen Längen von über 2 m und ein Gewicht von fast 200 kg. Die meisten Gattungen der Lippfische wie *Anampses*, *Choris* und *Halichoeres* gehören zur Unterfamilie Julininae. Die als Schweinslippfische bekannten Arten werden zur Unterfamilie Hypsigenyae und die Putzerlippfische zur Unterfamilie Labrichthyinae gestellt. Die spezialisierten Sand-Lippfische, etwa die Schermesserfische, bilden die Unterfamilie Novaculininae (diese drei Gruppen werden in einem späteren Band behandelt).

Der Name Labridae leitet sich von *Labrus* ab, der zuerst beschriebenen Gattung der Familie. *Labrus* nimmt Bezug auf die Lippen (lat. labrum), so dass auch der deutsche Name Lippfische hier seinen Ursprung hat. Viele Arten besitzen dicke, fleischige Lippen, an denen sie von denen der nahe verwandten Familien der Odacidae und Scaridae zu unterscheiden sind. Außerdem besitzen die meisten Arten der Labridae einzelne Zähne, wohingegen sie bei den Arten der Odacidae und Scaridae meistens miteinander verschmolzen sind. Lippfische werden außerdem durch eine einzelne Rückenflosse gekennzeichnet, die nicht nennenswert eingeschnitten ist (mit Ausnahme einiger Schermesserfische, die einzelne Flossenstrahlen auf dem Kopf tragen), wobei der hartstrahlige Teil meist länger als der weichstrahlige ist.

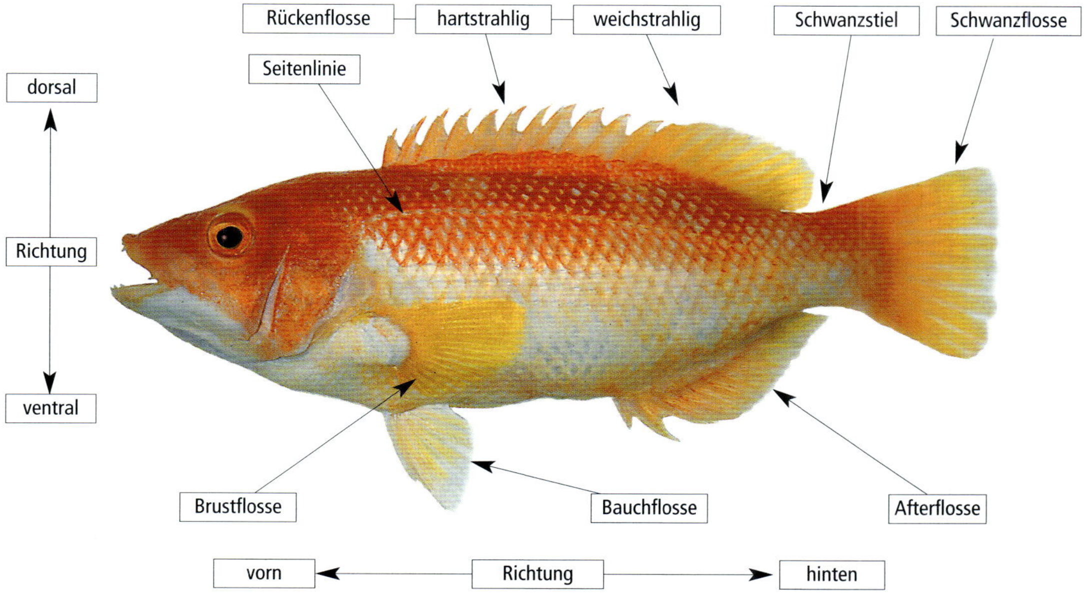

Abb. 1. Körperteile der Lippfische.

Labroidei

Die Labroidei sind eine Unterordnung der Barschartigen (Perciformes), der größten Fischordnung, zu der auch Riffbarsche, Falter- und Kaiserfische sowie die Schnapper gehören. Die Unterordnung umfasst drei Familien, von denen die Lippfische (Labridae) mit über 460 Arten die größte ist. Lippfische sind weit verbreitet und mit Ausnahme der kältesten Meere auf der ganzen Welt zu finden. Die zweitgrößte Gruppe sind die Papageifische (Scaridae) mit etwa 10 Gattungen und 90 Arten. Sie kommen nur in tropischen Gewässern vor. Die Unterordnung der Odacidae umfasst vier Gattungen und zwölf Arten, deren Verbreitung auf die Gewässer von Australien und Neuseeland beschränkt ist.

Fische der Unterordnung Labroidei besitzen eine durchgehende Rückenflosse, bei der der Hart- und der weichstrahlige Teil nicht voneinander getrennt sind. Die drei ersten Strahlen der Afterflosse sind hartstrahlig. Die Kiefer verfügen über konische Zähne, die auch schnabelartig miteinander verschmolzen sein können. Bei der Unterscheidung der einzelnen Gruppen spielen die Zähne eine große Rolle (Abb. 3). Auf den ersten Blick ähneln die Arten der Familie Odacidae den Lippfischen sehr. Neben den unterschiedlichen Zähnen lassen sich erstere daran erkennen, dass sie nur vier Strahlen in den Bauchflossen besitzen. Die Lippfische verfügen dagegen über fünf (in jeweils einer Art der Familien fehlen die Buchflossen jedoch vollständig). Das Maul der Lippfische ist vorstreckbar, das der Fische der anderen beiden Familien nicht.

Die Lippfische können von unterschiedlichster Gestalt sein, so dass sie oberflächlich an Arten verwandter Gruppen erinnern können. Arten der Odacidae leben meistens zwischen Pflanzen. Lippfische, die den gleichen Lebensraum bevölkern, können ihnen in Form und Farbe sehr ähneln. Die oben genannten Unterschiede zwischen den beiden Familien sind in der Natur nur schwer festzustellen, besonders, wenn es sich um Jungtiere handelt. Fische beider Gruppen ernähren sich von kleinen Wirbellosen, etwa Crustaceen. Wie viele Lippfische putzen auch einige Fische der Familie Odacidae andere Fische durch die Aufnahme parasitärer Krebstierchen, oft an speziellen „Putzstationen".

Papageifische sind leicht an ihrem schnabelartigen Maul zu erkennen, das sie dazu benutzen, Algen von Korallen oder Felsen abzuschaben. Im Durchschnitt werden Papageifische größer als Lippfische. Sie bilden häufig Schulen oder kommen in großer Zahl an flachen Riffen vor, wobei oft mehrere Arten zusammen zu finden sind. Mit den Algen abgeschabtes Korallenmaterial wird von ihnen als Sand wieder ausgeschieden. Papageifische nehmen im Prozess des Riff-Auf- und Umbaus daher eine wichtige Stellung ein. Kein Lippfisch ähnelt einem Angehörigen der Scaridae, so dass es mit Ausnahme einiger Jungfische kaum zu einer Verwechslung kommen kann.

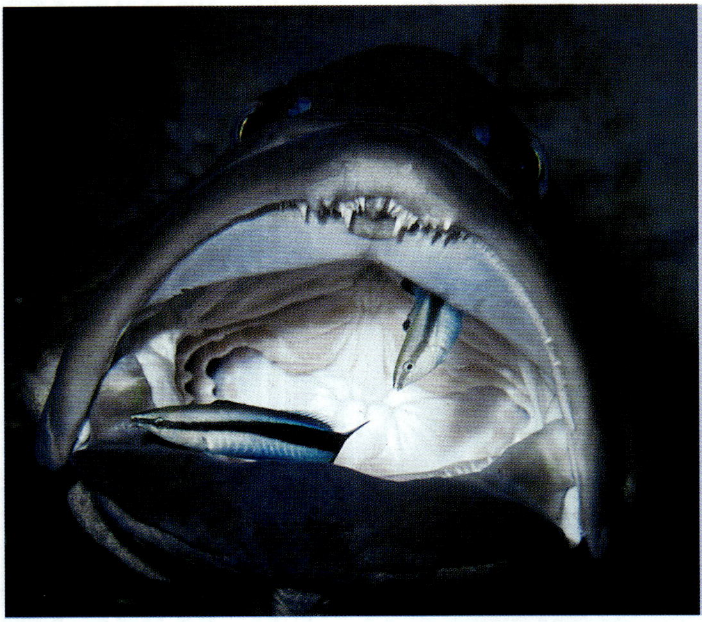

Abb. 2. Ein Pärchen Putzerlippfische, *Labroides dimidiatus*, bei der „Arbeit" in Maul eines *Epinephelus* sp.

Putzerlippfische werden häufig im Korallenriff beobachtet, wo sie eine wichtige Rolle bei der Entfernung von Parasiten oder zwischen den Zähnen verbliebenen Nahrungsresten und sogar bei der Wundversorgung spielen. Obwohl auch andere Fische Putzerfunktion einnehmen können, ist dieses Verhalten unter den Lippfischen weit verbreitet. Viele Fische putzen als Jungtiere, aber Lippfisch-Arten haben daraus eine Vollbeschäftigung gemacht. Ihre Zähne eignen sich besonders für diese Tätigkeit, und sind für die Entfernung hartnäckiger Parasiten wie geschaffen. Die kleinen Fische können sich ohne Schwierigkeiten im Maul oder zwischen den Kiemen größerer Fische bewegen, wo Parasiten und Futterreste die größten Schwierigkeiten verursachen.

Abb. 3. Zähne ausgewählter Gattungen der zu den Labroidei gehörenden Familien Labridae, Odacidae und Scaridae. A–C. Labridae. A *Coris*, B *Choerodon*, C *Pseudolabrus*. Lippfische besitzen separate konische Zähne, die oft vorne oder in den Mundwinkeln vergrößert sind, besonders bei ausgewachsenen Männchen (Bild A von Gary Bell).

D und E. Odacidae. D *Odax*, E *Siphonognathus*. Die Kiefer sind hauptsächlich mit kleinen, flachen Zähnen besetzt, die sich teilweise überlappen und so eine Schneide mit wahrnehmbaren Spitzen bilden. Kleine Eckzähne seitlich im Unterkiefer.

F–H. Scaridae. F *Calotomus*, G *Chlorurus*, H *Scarus*. Bei Papageifischen sind die Zähne zu einem Paar Platten in jedem Kiefer verschmolzen, deren Kanten scharf und manchmal stark gezähnelt sind. Kleine nach außen zeigende Eckzähne sind manchmal in den Mundwinkeln erwachsener Tiere zu erkennen (sichtbar in G auf der linken Seite).

Viele im Meer lebende Fische sind dafür bekannt, ihr Geschlecht von weiblich zu männlich wechseln zu können, was mit einem Wechsel der Färbung einhergeht. Die Färbungsunterschiede zwischen verschiedenen Altersstufen und Geschlechtern sind oft extrem. Manche Lippfische zeigen nur leichte Unterschiede, doch die meisten verändern sich mit dem Wachstum dramatisch. Oft kann man die verschiedenen Formen nur durch Unterwasser- oder Aquarien-Beobachtungen der gleichen Art zuordnen. In den meisten Fällen ist die Artbestimmung relativ einfach, doch bei nahe verwandten oder Schwesterarten mit ähnlicher Farbgebung kann es Probleme geben. Die Färbung hängt meistens mit dem Lebensraum und dem Verhalten zusammen, so dass Änderungen saisonabhängig ober beispielsweise während der Paarungszeit auftreten können. Tropische Arten können ein anderes Verhalten als die aus gemäßigten Gewässern zeigen; noch größere Unterschiede können zwischen pazifischen und atlantischen Arten vorliegen. Viele Lippfische bilden Weibchen-Gruppen, zu denen ein Männchen gehört, das einen Teil des Riffs als sein Revier betrachtet. Andere leben in gemischten Gruppen. Planktonfresser bilden oft große Schulen im Freiwasser, wobei die Vermehrung während dieser Zeit keine Rolle spielt.

Alle bekannten Arten sind tagaktiv und schlafen nachts in Spalten oder graben sich im Sand ein. Die meisten Lippfische leben in flachen Riffen, meistens in der Nähe von Sand- oder Geröllflächen. Wenige kommen über offenem Substrat vor. Sie sind Experten darin, in den Bodengrund zu tauchen, und können sich oft sogar durch Körpervibrationen darin fortbewegen. Die Nahrung setzt sich aus kleinen Wirbellosen, kleinen Fischen und Zooplankton zusammen. Ihre Zusammensetzung verändert sich in der Regel während des Wachstums; manche Arten sind auf eine bestimmte Nahrung spezialisiert. Die größte Artenvielfalt der Lippfische findet man in tropischen Riffen des Indopazifik. Sie sind jedoch auch im Bereich des Kelps vertreten.

Der größte Lippfisch ist der „Napoleon", *Cheilinus undulatus.* Er kann 2 m Länge und ein Gewicht von 200 kg erreichen. Einzelne Tiere werden recht zahm, wenn sie Taucher gewöhnt sind oder an Stellen leben, an denen regelmäßig Fischabfälle anfallen. Die dicken, fleischigen Lippen, die für die meisten erwachsenen Lippfische typisch sind, kann man auf der Abbildung deutlich erkennen. Man sieht außerdem, wie die Brustflossen zum gemächlichen Schwimmen eingesetzt werden. Durch den Einsatz des Weitwinkelobjektives wirkt der Taucher vergleichsweise klein (GBR, Gary Bell).

Cirrhilabrus flavidorsalis. Sangihe Islands, Indonesien. Tiefe 10 m. Länge etwa 65 mm. Sexualdimorphismus. Das Männchen zeigt eine auffällige gelbe Rückenflosse, wogegen das Weibchen einfach gefärbt ist und einen pupillengroßen schwarzen Fleck auf dem Schwanzstiel aufweist. Bei vielen Arten dieser Prachtlippfische bestehen große Farbunterschiede zwischen den Geschlechtern. Die Männchen weisen oft längere Flossen oder ausgezogene Flossenspitzen auf.

Vermehrung und Entwicklung

Das Ablaichverhalten unterscheidet sich zwischen den verschiedenen Arten und manchmal sogar zwischen den Populationen der gleichen Art sehr. Die meisten, wenn nicht alle tropischen Arten geben ihre schwimmenden Eier in der Nähe der Wasseroberfläche ab, wohingegen die Arten des nördlichen Atlantik ihre absinkenden Eier in Nester oder zwischen dem Seegras ablegen. Die Arten gemäßigter Gewässer laichen üblicherweise vom späten Winter bis zum frühen Sommer ab, je nach Art oder Lebensraum. Bei den Arten, die absinkende Eier produzieren, bauen die Männchen ein Nest zwischen Kieseln oder Felsen. Manche benutzen dabei auch Algenpolster, und bei anderen sind die Eier klebrig und bleiben am Seegras hängen. Tropische Arten können sich das ganze Jahr über vermehren, wobei abhängig von der Art und möglicherweise auch von der Regenzeit bestimmte Schwerpunkte vorhanden sein können. Viele Arten laichen zu einer bestimmten Tageszeit ab, meistens am späten Nachmittag, oder in Abhängigkeit von den Gezeiten. Gruppen von Tieren laichen oft an bestimmten Plätzen ab. Andere Arten laichen wiederum paarweise. Das Verhalten kann sich von Art zu Art unterscheiden; manche Arten können jedoch beides tun.

Üblicherweise entstehen die Männchen aus geschlechtsreifen Weibchen. Wenn ein Männchen ausfällt, das eine Gruppe von Weibchen als „Harem“ dominiert, wird sich eins der kräftigsten Weibchen zum Männchen umwandeln. Bei manchen Arten gibt es jedoch auch Männchen, die bereits mit diesem Geschlecht geboren wurden. Man spricht von Primär- und Sekundär-Männchen, die sich jedoch in der Färbung deutlich unterscheiden können. Die sekundären Männchen sind für gewöhnlich kräftig gefärbt und bevorzugen das paarweise Ablaichen, doch die unscheinbaren Primärmännchen drängen sich oft dazwischen.

Zeit und Ort des Ablaichens sind für die Verteilung der Eier wichtig, die von der Strömung auf das offene Meer hinausgetragen werden. Die Larven schlüpfen aus den zahlreichen, kleinen Eiern (0,5–1,1 mm Durchmesser) meist schon nach 24 Stunden. Sie sind nur etwa 1,5–2,7 mm lang und tragen einen großen Dottersack. Die Larven sind meistens transparent und leben für mehrere Wochen bis zu etwa einem Monat pelagisch. Wenn sie sich in Nähe des Substrates ansiedeln, messen sie etwa 12 mm und färben sich in kurzer Zeit aus. Postlarvale Jungfische findet man meistens einzeln in Riffen, manche bilden kleine Gruppen und andere leben zwischen Algen und Seegras. Während des Wachstums verändern sich Färbung und Verhalten dramatisch. Kleine Jungfische sind sehr gut getarnt; später bewegen sie sich bei der Nahrungssuche über dem Bodengrund, was Farbveränderungen nötig machen kann. Einige Jungfische tragen Augenflecke auf den Flossen, die sich meistens in der Nähe des Schwanzes befinden, um Fressfeinde zu verwirren. Die kleineren Arten sind bereits nach ein oder zwei Jahren erwachsen, doch auch die größeren wachsen schnell und benötigen nur wenige Jahre mehr. Große Arten wie der Napoleon-Lippfisch sind jedoch erst nach 20 Jahren ausgewachsen. Das Wachstum verlangsamt sich in höherem Alter sehr, und das maximale Alter der meisten Lippfische ist unbekannt. Einige der kleineren Arten der Gattung *Halichoeres*, die etwa 15 cm lang werden, erreichten im Aquarium ein Alter von sieben bis acht Jahren.

Über dieses Buch

Dieses Buch gehört zu einer Reihe, die sich auf globaler Ebene mit marinen Fischgruppen beschäftigt. Das Ziel ist es, die Arten anhand von Bildern darzustellen, ihre Identifikation zu ermöglichen und Informationen über sie zu liefern. Abhängig von der Größe der Gruppe kann ein Band die Fische einer Ordnung, einer oder mehrerer Familien oder auch nur eines Teils einer Familie beinhalten. Die ersten beiden Bände stellten die Syngnathiformes und die Acanthuroidei vor. Der vorliegende Band behandelt die Lippfische, kann aber wegen ihrer großen Artenzahl nicht vollständig sein. Um der Serie gerecht zu werden, werden so viele Arten einer Gattung wie möglich oder alle Gattungen einer Unterfamilie vorgestellt. Einige der sehr artenreichen Gattungen wie *Halichoeres* konnten nicht vollständig abgehandelt werden. Die ähnlichen oder nahe verwandten Arten eines bestimmten Vorkommensgebietes werden aber immer gegenübergestellt. Ein weiterer Band wird neben den verwandten Familien der Scaridae und Odacidae die übrigen Gattungen der Labridae enthalten und nach dem nächsten, der die Chaetodontidae behandelt, veröffentlicht werden.

Wo möglich, wurden Fotos verschiedener Entwicklungsstadien und verschiedener Lokalformen der gleichen Art nebeneinandergestellt. Die Gattungen und Arten wurden nach Verwandtschaftsgrad oder Ähnlichkeit gruppiert. Beschreibungen des Verhaltens beruhen vor allem auf den Beobachtungen des Autors und sind bei den Artenbeschreibungen zu finden. Aquarienbeobachtungen sind oft generalisiert bei den Gattungsbeschreibungen eingeordnet. Angaben von Lebensraum, Größe und Verhalten sind wichtig, wenn man Lippfische im Aquarium halten will. Wo immer es möglich war, sind die Fische in ihrer natürlichen Umgebung fotografiert worden. Um Farbveränderungen zu dokumentieren oder selten beobachtete Arten vorzustellen, sind auch Aquarienaufnahmen verwendet worden. Bei im tiefen Wasser vorkommenden Arten, die vor allen Dingen in Trawlerfängen gefunden werden, wurden auch Bilder frisch gefangener Tiere verwendet. Überblickstafeln ermöglichen die schnelle Zuordnung von Arten zu Gattungen oder Artenkomplexen. Die Abbildungen sind mit dem wissenschaftlichen Namen der Art, dem Ort, der Größe und dem Namen des Fotografen versehen worden. Zu jeder Gattung gibt es eine allgemeine Einführung, die über das Geschlecht des Namens, die Typusart, die Zahl der Arten, das Verbreitungsgebiet und die Lebensräume sowie das Verhalten und die Ansprüche an die Aquarienhaltung (soweit sie bekannt sind) Auskunft gibt.

Die Namen der Lippfische

In diesem Buch wird jede Art mit dem gültigen wissenschaftlichen Namen bezeichnet, der vom Namen der Erstbeschreibung mit Autor und Jahreszahl gefolgt wird. Der wissenschaftliche Artnamen ist zweiteilig. Der erste Teil bezeichnet die Gattung und ist daher bei nahe verwandten Arten identisch, und der zweite Teil bezeichnet die eigentliche Art. Der deutsche und der gültige wissenschaftliche Name werden in farbigen Kästen dargestellt. Der Text beginnt darunter mit Namen, Autor und Jahreszahl der Erstbeschreibung. Die Gattung kann sich dabei von der zurzeit gültigen unterscheiden. Eine Art kann bei ihrer Beschreibung in die zu jener Zeit als gültig betrachtete Gattung gestellt worden sein, andere verwandte Arten jedoch in eine andere. In solchen Fällen ist der jeweils älteste Name gültig; später vergebene werden dementsprechend korrigiert. Einige der vorgestellten Arten wurden erst vor kurzer Zeit entdeckt und sind noch nicht wissenschaftlich beschrieben worden. Sie werden mit der entsprechenden Gattung und einem „sp." bezeichnet, das für „Spezies" (Art) steht. Einige Arten wurden von verschiedenen Autoren mehrmals beschrieben. Manchmal beschrieb auch ein Autor Männchen und Weibchen als unterschiedliche Arten. Es existieren insgesamt über 1400 Namen für Lippfische bei einer Artenzahl von etwa 460.

Einige Arten sind unter verschiedenen umgangssprachlichen Namen bekannt, die verschiedene Lokalformen bezeichnen oder in verschiedenen Ländern und im Handel benutzt werden. Wenn es in einer Gegend nur einen gebänderten Lippfisch gibt, wird er schnell als „Gebänderter Lippfisch" bezeichnet. Da dieses Buch Fische der ganzen Welt vorstellt, habe ich in solchen Fällen die jeweilige Ortsbezeichnung vor den Namen gesetzt. Taucher und Aquarianer benutzen oft verschiedene Namen für die gleiche Art. Wissenschaftler benutzen gelegentlich den übersetzten lateinischen Namen, der jedoch nicht immer einen Sinn ergibt. Der Gebrauch der wissenschaftlichen Namen als umgangssprachliche ist noch verwirrender und wird in diesem Buch nicht unterstützt. Wissenschaftliche Namen bezeichnen die jeweilige Art zwar eindeutig, ändern sich aber bei schlecht bearbeiteten Gruppen oft bei der nächsten Revision. Viele Lippfische fallen in diese Kategorie, und Bücher wie das vorliegende können helfen, die Verwirrung bei nahe verwandten Arten zu mindern. Einige Arten werden zurzeit als Unterarten oder Lokalformen betrachtet, und in manchen Fällen sind die Geschlechter der gleichen Art bisher nicht erkannt worden.

Unterfamilie Cheilininae – Gattungsübersicht

Paracheilinus 10

Cirrhilabrus 20

Conniella 46

Pseudocheilinus 47

Pseudocheilinops 49

Wetmorella 50

Epibulus 52

Pteragogus 54

Cheilinus 59

Cheilinus 59

Gattung Paracheilinus Fourmanoir, 1955

Maskulin. Typus-Art: *Paracheilinus octotaenia* Fourmanoir, 1955. Eine kleine indopazifische Gattung mit 13 Arten. Vor 1977 war nur eine Art bekannt, so dass viele erst vor kurzer Zeit beschrieben worden sind.

1 *P. angulatus* Randall & Lubbock, 1981 – Königs-Zwerglippfisch (S. 18)
2 *P. attenuatus* Randall, 1999 – Seychellen-Zwerglippfisch (S. 17)
3 *P. bellae* Randall, 1988 – Bells Zwerglippfisch (S. 17)
4 *P. carpenteri* Randall & Lubbock, 1981 – Carpenters Zwerglippfisch (S. 16)
5 *P. cyaneus* Kuiter & Allen, 1999 – Blauer Zwerglippfisch (S. 14)
6 *P. filamentosus* Allen, 1974 – Fahnen-Zwerglippfisch (S. 13)
7 *P. flavianalis* Kuiter & Allen, 1999 – Gelbflossen-Zwerglippfisch (S. 15)
8 *P. hemitaeniatus* Randall & Harmelin-Vivien, 1977 – Madagaskar-Zwerglippfisch (S. 19)
9 *P. lineopunctatus* Randall & Lubbock, 1981 – Roter Zwerglippfisch (S. 17)
10 *P. mccoskeri* Randall & Harmelin-Vivien, 1977 – McCoskers Zwerglippfisch (S. 15)
11 *P .octotaenia* Fourmanoir, 1955 – Rotmeer-Zwerglippfisch (S. 12)
12 *P. piscillineatus* (Cornic, 1987) – Feen-Zwerglippfisch (S. 19)
13 *P. togeanensis* Kuiter & Allen, 1999 – Togean-Zwerglippfisch (nicht im Buch enthalten, da nur von der Tomini Bay in Sulawesi bekannt und keine Lebendfotos vorhanden waren)

Paracheilinus gehört zu einer Gruppe ähnlicher Gattungen, die auch die artenreichere Gattung *Cirrhilabrus* und die monotypische *Conniella* einschließt. Diese Fische sind klein und farbenfreudig, weisen einen Sexualdimorphismus auf und leben meistens in Schulen auf Felsen- oder Korallenriffen. Die Fische ernähren sich vorwiegend von Plankton und fressen oft in gemischten Gruppen mit anderen Lippfischen sowie mit nicht verwandten kleineren Planktonfressern, etwa *Anthias*-Arten. Nach dem pelagischen Larvenstadium bilden die Jungfische kleine Gruppen und bleiben in der Nähe des Bodens. Jungfische und Weibchen sehen bei den verschiedenen Arten sehr ähnlich aus, so dass man sie kaum unterscheiden kann. Die Rot-Meer-Form von *P. octotaenia* unterscheidet sich von der westpazifischen dadurch, dass das Männchen eine Art Harem bildet. Männchen entstehen durch Geschlechtsumwandlung aus großen Weibchen.

Paracheilinus filamentosus, beim Besuch eines Putzer-Lippfisches, *Labroides dimidiatus*. Flores, Indonesien.

Die meisten *Paracheilinus*-Arten verbringen den Tag mit dem Fressen kleiner im Zooplankton enthaltener Lebewesen. Ihre Augen besitzen eine doppelte Linse, die ihnen das Fixieren der Beute bei gleichzeitiger Ausschau nach Feinden ermöglicht. Während des Fressens imponieren die Männchen immer wieder, indem sie ihre Farben zeigen und die Flossen spreizen. Wenn sich die Weibchen zum Ende des Tages in der Nähe des Bodens versammeln, versuchen die Männchen, laichreife Tiere zu beeindrucken.

Bei den vergesellschafteten Artengruppen ist es wichtig, dass die Weibchen die zugehörigen Männchen an ihrer Balzfärbung erkennen können. So wird eine mögliche Bastardisierung vermieden. Wenn jedoch ähnliche Arten zur gleichen Zeit an der gleichen Stelle des Riffs ablaichen, vermischen sich die abgegebenen Geschlechtsprodukte zwangsläufig, so dass Zufallskreuzungen entstehen können. Wenn man darauf achtet, findet man daher regelmäßig Bastarde. Die Balzfärbung kann innerhalb des Verbreitungsraumes variieren, insbesondere wenn ähnliche Arten im gleichen Gebiet leben. Das ist besonders bei der weit verbreiteten Art *Paracheilinus filamentosus* auffällig. Diese Abweichungen können im Laufe der Zeit zur Bildung eines Komplexes ähnlicher Arten führen.

Die Arten dieser Gattung sind prachtvoll gefärbt und messen ausgewachsen weniger als 10 cm Gesamtlänge. Das macht sie zu idealen Aquarienfischen. Außerdem sind sie bei weitem nicht so aggressiv wie andere Rifffische, obwohl die Männchen manchmal auch Kämpfe austragen. Man sollte eine kleine Gruppe einer Art pflegen und der Versuchung widerstehen, mehr als ein Männchen zu pflegen. Am besten werden die Tiere gleichzeitig in das Aquarium gesetzt. Da sich die Männchen aus den Weibchen entwickeln, ist es noch besser, mit einer Gruppe junger Fische zu beginnen.

Alle *Paracheilinus* erbeuten ihre Nahrung im Zooplankton. Sie sind sehr gut für das Wirbellosen-Aquarium geeignet und können mit anderen gleich großen Arten vergesellschaftet werden, etwa Fischen der Gattung *Anthias*. Sie nehmen das meiste aus kleinen Partikeln bestehende Futter an. Lebende Kleinkrebse sind ideal, müssen aber regelmäßig zur Verfügung stehen. Als Versteck oder Ruheplatz sollten entsprechende Höhlen oder Spalten angeboten werden.

Paracheilinus filamentosus und/oder *P. flavianalis*. Jungfische, die wahrscheinlich zwei Arten angehören. Bali, Indonesien.

Paracheilinus filamentosus x *P. flavianalis*. Die Eltern-Arten dieser Bastarde kommen bei Bali, Indonesien, häufig vor. Sie laichen zur gleichen Zeit in den gleichen Riffbereichen ab, so dass sich die Geschlechtsprodukte in der Strömung mischen und Kreuzungen erzeugen können. Die beiden Tiere zeigen die sichelförmige Schwanzflosse von *P. filamentosus* und die Afterflossenfärbung von *P. flavianalis*, beides charakteristische Merkmale der Eltern. Die Bastarde sind in ihrer Färbung variabler als die Elternarten.

Rotmeer-Zwerglippfisch
Paracheilinus octotaenia

Paracheilinus octotaenia Fourmanoir, 1955.
Rotes Meer.

Diese wunderschöne Art wird kommt nur im Roten Meer vor. Die Fische leben über mit Algen bewachsenen Geröllhängen, meist entlang der Riffränder, in Tiefen bis zu etwa 25 m. Jungfische halten sich in kleinen Gruppen nahe des Bodengrundes auf und verstecken sich oft in großen Weichkorallen-Kolonien. Weibchen schwimmen auf der Suche nach Zooplankton hoch über dem Substrat; meist hält sich ein Männchen in der Nähe auf. Die territoriale Auseinandersetzung in Bild D wurde dadurch verursacht, dass ein vom Fotografen verfolgtes Männchen in das Revier seines Nachbarn schwamm. Die Art ist leicht am abgerundeten Kopf und der Färbung zu erkennen. Länge bis zu etwa 9 cm.

A

P. octotaenia. Männchen in Balzfärbung. Ägypten, Rotes Meer. Tiefe 20 m. Länge 9 cm.

B

C

Paracheilinus octotaenia. Ägypten, Rotes Meer. Tiefe 20 m. B: Adult, warscheinlich weiblich, etwa 85 mm. C: juvenil, etwa 45 mm.

D

Paracheilinus octotaenia. Imponierende Männchen. Ägypten, Rotes Meer. Tiefe 20 m. Länge 9 cm.

Fahnen-Zwerglippfisch
Paracheilinus filamentosus

Paracheilinus filamentosus Allen, 1974. Madang, Neuguinea.

Weitverbreitet in Indonesien, Papua-Neuguinea, den Solomon-Inseln und dem nördlichen Great Barrier Reef. Die Balzfärbung unterscheidet sich lokal, wobei die Präsenz ähnlicher Arten eine Rolle spielt. In Gruppen an tiefen Abhängen oder an Hängen an der Basis von Drop-Offs, meist in Tiefen von 10 m oder mehr. Männchen imponieren oder balzen, indem sie mit leuchtenden Farben und gespreizten Flossen vorbeirasen. Sie sind besonders farbenprächtig, wo ähnliche Arten im gleichen Gebiet vorkommen, etwa bei Derawan, wo drei Arten der Gattung gemeinsam vorkommen. Bastarde sind an diesen Stellen häufig zu finden. Ohne die Filamente beträgt die Länge bis zu 10 cm.

A
Paracheilinus filamentosus. Kalimantan, Indonesien. Tiefe 10 m. Länge 8 cm.

B
Paracheilinus filamentosus. Flores. Tiefe 15 m. Länge 3–5 cm.

C
Paracheilinus filamentosus. Kalimantan, Indonesien. Tiefe 12 m. Länge 8 cm.

D
Paracheilinus filamentosus. Solomon I. Tiefe 20 m (Roger Steene).

E

F
Paracheilinus filamentosus. Flores, Indonesien. Tiefe 25 m. Länge 8–9 cm.

Blauer Zwerglippfisch
Paracheilinus cyaneus

Paracheilinus cyaneus Kuiter & Allen, 1999. Banggai Isl.

Von Ost-Sulawesi, der Straße von Lembeh bis zu den Banggai-Inseln und Kalimantan bekannt. In geschützten Riffen mit niedrigem Korallen- und Algenbewuchs. Bei Derawan auf flachen Riffdächern in etwa 6–15 m Tiefe. In der Straße von Lembeh auf offenen Sandhängen an Stellen mit Korallen und Geröll. Tritt gemeinsam mit der bei den Beobachtungen viel häufigeren Art *Paracheilinus filamentosus* auf. Männchen balzen mit metallischblauem Rücken und zeigen manchmal weiße Rückenflossenfilamente. Ohne Filamente bis etwa 85 mm.

A

B

Paracheilinus cyaneus. Kalimantan, Indonesien. Männchen in Balzfärbung.Tiefe 7 m. Länge 65 mm. B: Weibchen. Tiefe 6 m. Länge 45 mm.

C

Paracheilinus cyaneus. Männchen. Kalimantan. T. 7 m. L. 65 mm.

D

P. cyaneus. Balzendes Männchen. Derawan. T. 24 m. L. 85 mm.

E

Paracheilinus cyaneus. Vor Weibchen (möglicherweise mehrerer Arten) balzendes Männchen. Kalimantan. Tiefe 12 m. Länge 8 cm.

Gelbflossen-Zwerglippfisch
Paracheilinus flavianalis

Paracheilinus flavianalis Kuiter & Allen, 1999. Scott Reef, West-Australien.

Südliches Indonesien von Bali bis Flores, südliche Molukken-See und nordwestliches Australien. Küsten-Riffabhänge und Flussmündungen. In kleinen, oft einen großen Teil des Riffes einnehmenden Gruppen mit zahlreichen Weibchen, Jungfischen und einigen Männchen. Männchen zeigen leuchtendgelbe Afterflossen und ein bis vier, meist aber zwei oder drei rote Rückenflossenfilamente. Die Jungen leben versteckt und bilden später kleine Gruppen. Bis 85 mm.

A

Paracheilinus flavianalis. Männchen. Bali. Tiefe 6 m. Länge 85 mm.

B

Paracheilinus flavianalis. Bali. Tiefe 15 m. Länge 3 cm.

C

Paracheilinus flavianalis. Bali. Tiefe 6 m. Länge 4 cm.

D

Paracheilinus flavianalis. Bali. Tiefe 20 m. Länge des Männchens 65 mm.

McCoskers Zwerglippfisch
Paracheilinus mccoskeri

Paracheilinus mccoskeri Randall & Harmelin-Vivien, 1977. Komoren.

Indischer Ozean, im Osten bis Sumatra. Entlang der Riffränder auf Geröllzonen in etwa 20–40 m Tiefe. Weibchen in kleinen Gruppen. Die Männchen halten sich in der Nähe auf und wechseln oft von einer Gruppe zur anderen. Kleine Jungfische leben versteckt einzeln oder in kleinen Gruppen zwischen dem Schutt. Bis 65 mm.

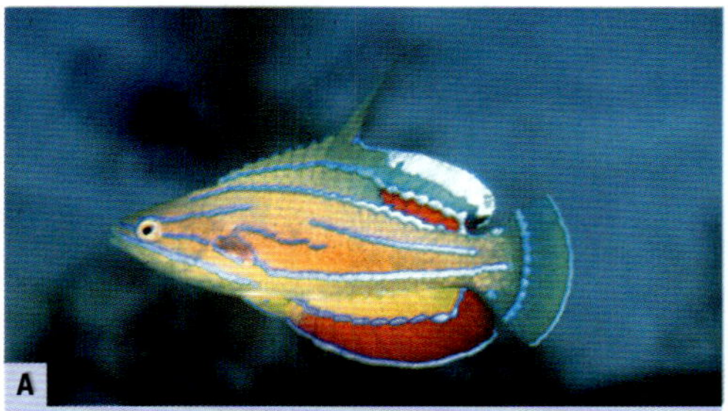

A

P. mccoskeri. Balzendes Männchen. Maled. T. 24 m. L. 5 cm.

B

P. mccoskeri. Balzendes Männchen. Sumatra. T. 15 m. L. 65 mm (G. R. Allen).

Carpenters Zwerglippfisch – P. carpenteri

Paracheilinus carpenteri Randall & Lubbock, 1981. Philippinen.

Philippinen bis Süd-Japan und Palau. Funde in Indonesien basieren auf *P. flavianalis* oder Bastarden von *P. flavianalis* und *P. filamentosus*. *Paracheilinus carpenteri* ist nahe mit *P. mccoskeri* und *P. flavianalis* verwandt; kann von diesen an den roten Bauchflossen des Männchens oder einem zusätzlichen kurzen Streifen oberhalb des Bauches unterschieden werden. Weibchen in kleinen Gruppen, Männchen meistens in der Nähe. Auf Hängen an Riffrändern bis in 40 m Tiefe. Länge bis etwa 75 mm.

P. carpenteri. Männchen. Philippinen. T. 25 m. L. 65 mm (Roger Steene).

Paracheilinus carpenteri. Kochi, Japan. B: Männchen bei der Balz. T. 24 m. L. 8 cm. C: Weibchen. T. 24 m. L. 45 mm (B und C Tomonori Hirata).

Paracheilinus carpenteri. Kochi, Japan. D: Männchen. T. 24 m. L. 8 cm. E und F: T. 35 m. L. 20–35 mm (mit *Cirrhilabrus lunatus*, D–F Tomonori Hirata).

Paracheilinus carpenteri. Männchen. G: Männchen. Palau (Hiroshi Nagano). H: Kochi, Japan. T. 24 m. L. 8 cm (Tomonori Hirata).

Bells Zwerglippfisch
Paracheilinus bellae

Paracheilinus bellae Randall, 1988. Marshall-Inseln.

Nur von den Marshall-Inseln und Palau, Mikronesien, im Pazifik bekannt. Hauptsächlich auf algenbewachsenem Geröll in bis zu 30 m Tiefe. Ähnlich *P. filamentosus*, doch schlanker mit größeren Bauchflossen und sehr langen Schwanzflossenfilamenten. Körper mit dünnen Linien und Flecken; keine dicken Streifen. Länge bis 8 cm ohne die Schwanzflossenfilamente.

A

Paracheilinus bellae. Männchen. Palau. Tiefe 8 m. Länge 75 mm (Ryoichi Satoh).

B

Paracheilinus bellae. Männchen in Balzfärbung. Palau. Tiefe 20 m. Länge 75 mm (Hiroshi Nagano).

Roter Zwerglippfisch
Paracheilinus lineopunctatus

Paracheilinus lineopunctatus Randall & Lubbock, 1981. Philippinen.

Philippinen bis südliches Japan. Kleine Gruppen über Schutthängen in Riffnähe in bis zu 40 m Tiefe. An der Kombination der Rückenflossenfilamente mit einem abgerundeten Schwanz zu erkennen. Kleine Art, die bis etwa 70 mm lang wird.

A

B

Paracheilinus lineopunctatus. Männchen. A: Okinawa, Japan (Kyoh Yunokawa). :B Philippinen. Tiefe 18 m. Länge 65 mm (Rob Myers).

Königs-Zwerglippfisch
Paracheilinus angulatus

Paracheilinus angulatus Randall & Lubbock, 1981. Philippinen.

Philippinen und nördliches Indonesien. Am oberen Rand von Hängen in geschützten Riffen mit reichem Korallen- und Algenbewuchs. In kleinen Gruppen beiderlei Geschlechts, meist jedoch überwiegend Weibchen. An den verlängerten Rücken- und Afterflossenspitzen zu erkennen. Länge bis zu 75 mm.

P. angulatus. Balzendes Männchen. Kalimantan, Indonesien. T. 12 m. L. 70 mm.

Paracheilinus angulatus. Balzende Männchen. Kalimantan. T. 12 m. L. 70 mm.

Paracheilinus angulatus. Mabul, Malaysia. T. 10 m. L. 75 mm.

Paracheilinus angulatus. Mabul, Malaysia. T. 10 m. L. 75 mm.

Seychellen-Zwerglippfisch
Paracheilinus attenuatus

Paracheilinus attenuatus Randall, 1999. Seychellen.

Nur von den Seychellen und vor Kenia im Indischen Ozean bekannt. An der spitzen Schwanzflosse und dem haarartigen Filament in der Rückenflosse des Männchens zu erkennen. Tiefwasserart, die auf Geröllhängen in der Nähe von Riffen vorkommt. Bis 65 mm.

Paracheilinus attenuatus. Aquarium-Importe aus Kenia. A: balzendes Männchen. B: Weibchen (A und B: Takeshi Aoki).

Feen-Zwerglippfisch Paracheilinus piscilineatus

Cirrhilabrus piscilineatus Cornic, 1987. Mauritius.

Nur von Mauritius im Indischen Ozean bekannt. Tritt in tiefem Wasser auf, meist in mehr als 35 m. Den Männchen dieser Art fehlen die Filamente in der Rückenflosse. Ihr Streifenmuster erinnert jedoch an männliche *Paracheilinus mccoskeri* und *P. flavianalis*. Die Weibchen und Jungfische lassen sich gut von denen der anderen Arten unterscheiden. Man kann sie gut an ihrem breiten braunen Band erkennen, das von blassblauen Linien begrenzt wird. Länge bis ungefähr 7 cm.

A

Paracheilinus piscilineatus. Männchen. Mauritius. Aus 40 m Tiefe. L. 70 mm (Roger Steene).

B

Paracheilinus piscilineatus. Juvenil. Aquarien-Import (Yutaka Niino).

Madagaskar-Zwerglippfisch Paracheilinus hemitaeniatus

Paracheilinus hemitaeniatus Randall & Harmelin-Vivien, 1977. Madagaskar.

Madagaskar und KwaZulu-Natal, Süd-Afrika. Auf Riff-Abhängen mit dichtem Wirbellosen-Bewuchs. Dennis King, der Fotograf, beobachtete die Fische in 25–50 m Tiefe. Hier sind sie leicht an ihrem Farbmuster und den Schwanzflossenfilamenten der Männchen zu erkennen. Länge bis zu 9 cm ohne die Schwanzflossenfilamente.

A

P. hemitaeniatus. Weibchen und Männchen. KwaZulu-Natal, Südafrika. Tiefe 40 m (Dennis King).

B

Paracheilinus hemitaeniatus. Männchen. KwaZulu-Natal, Südafrika. Tiefe 40 m (Dennis King).

Gattung Cirrhilabrus Temminck & Schlegel, 1845

Maskulin. Typus-Art: *Cirrhilabrus temminckii* Bleeker, 1853. Große indopazifische Gattung mit mindestens 47 Arten. Die Lokalformen mancher Arten scheinen Artenkomplexe zu repräsentieren. Es gibt eine Anzahl unbeschriebener Arten. Weitere sind in tiefem Wasser (über 100 m) oder an entlegenen Orten zu erwarten.

1 *C. adornatus* Randall & Kunzmann, 1998 – Debelius-Zwerglippfisch (S. 30)
2 *C. aurantidorsalis* Allen & Kuiter, 1999 – Orangerücken-Zwerglippfisch (S. 27)
3 *C. balteatus* Randall, 1988 – Gürtel-Zwerglippfisch (S. 29)
4 *C. blatteus* Springer & Randall, 1974 – Rotkopf-Zwerglippfisch (S. 43)
5 *C. claire* Randall & Pyle, 2001 – Claires Zwerglippfisch (aus großer Tiefe, keine Farbbilder von lebenden Tieren vorhanden)
6 *C. condei* Allen & Randall, 1996 – Condes Zwerglippfisch (S. 29)
7 *C. cyanopleura* (Bleeker, 1851) – Blauschuppen-Zwerglippfisch (S. 25)
8 *C. earlei* Randall & Pyle, 2001 – Earls Zwerglippfisch (S. 34)
9 *C. exquisitus* Smith, 1957 – Pracht-Zwerglippfisch (S. 45)
10 *C.* cf. *exquisitus* West Pacific (Schwesterart von *C. exquisitus*) Pazifischer Pracht-Zwerglippfisch (S. 45)
11 *C. filamentosus* (Klausewitz, 1967) – Wimpel-Zwerglippfisch (S. 36)
12 *C. flavidorsalis* Randall & Carpenter, 1980 Gelbrücken-Zwerglippfisch (S. 31)
13 *C. joanallenae* Allen, 2000 (Variante von *C. rubriventralis*?) – Pulauweh-Zwerglippfisch (S. 37)
14 *C. johnsoni* Randall, 1988 – Johnsons Zwerglippfisch (keine Fotos lebender Tiere verfügbar)
15 *C. jordani* Snyder, 1904 – Feuer-Zwerglippfisch (S. 43)
16 *C. katherinae* Randall, 1992 (Variante von *C. balteatus*?) – Katherines Zwerglippfisch (S. 28)
17 *C. katoi* Senou & Hirata, 2000 – Katoi-Zwerglippfisch (S. 39)
18 *C. laboutei* Randall & Lubbock, 1982 – Laboutes Zwerglippfisch (S. 43)
19 *C. lanceolatus* Randall & Masuda, 1991 – Langschwanz-Zwerglippfisch (S. 40)
20 *C.* cf. *lanceolatus* – Glanz-Zwerglippfisch (S. 41)
21 *C. lineatus* Randall & Lubbock, 1982 – Lavendel-Zwerglippfisch (S. 34)
22 *C. lubbocki* Randall & Carpenter, 1980 – Lubbocks Zwerglippfisch (S. 30)
23 *C. lunatus* Randall & Masuda, 1991 – Sichelschwanz-Zwerglippfisch (S. 42)
24 *C. luteovittatus* Randall, 1988 (Schwesterart von *C. solorensis*) – Gelbstreifen-Zwerglippfisch (S. 26)
25 *C. lyukyuensis* Ishikawa, 1904 (Schwesterart von *C. cyanopleura*) – Gelbfleck-Zwerglippfisch (S. 25)
26 *C. melanomarginatus* Randall & Shen, 1978 – Schwarzrand-Zwerglippfisch (S. 44)
27 *C. morrisoni* Allen, 1999 – Morrisons Zwerglippfisch (S. 38)
28 *C. punctatus* Randall & Kuiter, 1989 – Gepunkteter Zwerglippfisch (S. 25)
29 *C. pylei* Allen & Randall, 1996 – Pyle-Zwerglippfisch (S. 33)
30 *C. randalli* Allen, 1995 (Schwesterart von *C. cyanopleura*) – Randalls Zwerglippfisch (S. 26)
31 *C. rhomboidalis* Randall, 1988 – Lanzett-Zwerglippfisch (S. 35)
32 *C. roseafasciata* Randall & Lubbock, 1982 – Rosaband-Zwerglippfisch (Neukaledonien, keine Fotos vorhanden)
33 *C. rubrimarginatus* Randall, 1992 – Rotrand-Zwerglippfisch (S. 32)
34 *C. rubripinnis* Randall & Carpenter, 1980 – Rotflossen-Zwerglippfisch (S. 28)
35 *C. rubrisquamis* Randall & Emery, 1983 – Rosaschuppen-Zwerglippfisch (S. 38)
36 *C. rubriventralis* Springer & Randall, 1974 – Geselliger Zwerglippfisch (S. 37)
37 *C. sanguineus* Cornic, 1987 – Blutfleck-Zwerglippfisch (S. 38)
38 *C. scottorum* Randall & Pyle, 1989 – Scotts Zwerglippfisch (S. 44)
39 *C. solorensis* Bleeker, 1851 – Rotäugiger Zwerglippfisch (S. 27)
40 *C.* sp. (1) – Rosaflossen-Zwerglippfisch (S. 33)
41 *C.* sp. (2) – KwaZulu-Zwerglippfisch (S. 38)
42 *C. temminckii* Bleeker, 1853 – Temmincks Zwerglippfisch (S. 22)
43 *C.* cf. *temminckii* (1) (Schwesterart von *C. temminckii*) – Blaugestreifter Zwerglippfisch (S. 23)
44 *C.* cf. *temminckii* (2) (Schwesterart von *C. temminckii*) – Pfauen-Zwerglippfisch (S. 23)
45 *C. tonozukai* Allen & Kuiter, 1999 – Tonos Zwerglippfisch (S. 36)
46 *C. walindi* Allen & Randall, 1996 – Walindi-Zwerglippfisch (S. 31)
47 *C. walshi* Randall & Pyle, 2001 – Walshs Zwerglippfisch (S. 35

Kleine und farbige Fische mit sexuellem Dimorphismus, meist in Schulen lebend. Vornehmlich Planktonfresser, die beim Fressen mit anderen Lippfischen oder sogar *Fahnenbarsch*en Gruppen bilden. Die meisten leben im flachen Wasser und an Orten geringer Strömung, meist an Riff-Rändern und Kanälen. Oft sind an einem Ort verschiedene *Cirrhilabrus*-Arten vertreten, die sich beim Fressen vermischen. In 40–50 m Tiefe treten weniger Arten auf, die sich meistens einzeln an Riffblöcken oder Schutthängen unter Wänden aufhalten. In der letzten Zeit sind einige Arten in Tiefen von bis zu 100 m entdeckt worden.

Die Färbung der Jungfische und Weibchen ist oft bei verschiedenen Arten sehr ähnlich, besonders unter den nahe verwandten. Wenn die Arten nicht sympatrisch leben, kann man sie anhand der Zeichnung der Männchen bestimmen. Diese ist allerdings innerhalb einer Art sehr variabel; die Farbe kann sehr schnell beim Imponier- oder Balzverhalten wechseln. Diese Veränderungen können bei Fischen der gleichen Art in verschiedenen Populationen sehr unterschiedlich ausfallen. In Abhängigkeit vom Auftreten ähnlicher Arten kann die Balzfärbung an manchen Orten seltener, an anderen fast permanent gezeigt werden. So sind komplizierte Artenkomplexe entstanden, die den nicht damit vertrauten Taxonomen leicht verwirren können.

Die meisten Arten der Gattung eignen sich gut für die Pflege im Aquarium. Als Planktonfresser müssen sie tagsüber regelmäßig mit Futter versorgt werden. In der Nacht schlafen sie in Spalten und zwischen Stücken von *Acropora*-Korallen, die einen guten Schutz darstellen. Die Fische der meisten Arten werden nur etwa 10 cm groß; man sollte sie immer in kleinen Gruppen halten. Sie verhalten sich anderen Fischen gegenüber meistens nicht aggressiv und lassen auch die Wirbellosen normalerweise in Ruhe, so dass sie in Gesellschaft anderer kleiner Planktonfresser, wie Fahnenbarsche (*Anthiinae)* oder Zwerg- (Pseudochromidae) und Mirakelbarsche (Plesiopidae), gut im Wirbellosenaquarium gepflegt werden können.

Cirrhilabrus punctatus. Sydney, Australien.

Die sich im Riff ansiedelnden Jungfische der meisten *Cirrhilabrus*-Arten zeichnen sich durch eine charakteristische weiße Schnauze aus. Sie leben versteckt zwischen dem Geröll, werden mit zunehmender Größe abenteuerlustiger und bilden kleine Gruppen. Sie weiden das Substrat ab und lauern kleinen Krebstieren und Zooplankton auf. Erwachsene Tiere vieler Arten schließen sich zu Schulen zusammen und schwimmen hoch über dem Substrat, wenn entsprechende Mengen von Zooplankton vorhanden sind.

Cirrhilabrus lyukyuensis. Philippinen. Tiefe 24 m. Länge ungefähr 10 cm (Helmut Debelius).

Eine überwiegend aus Männchen bestehende Gruppe schwimmt nicht weit vom Bodengrund entfernt, wie es für diese Gattung typisch ist. Die Männchen unterscheiden sich von den Weibchen durch den gelben Fleck auf der Seite. In dieser Population scheint der Fleck immer vorhanden zu sein, doch oft ist die Zeichnung variabel oder tritt nur bei einigen Tieren auf. Die Art ist nahe mit *Cirrhilabrus cyanopleura* verwandt und Teil einer Artengruppe, zu der auch *C. solorensis, C. luteovittatus* und *C. randalli* gehören, die sich nur durch die Zeichnung unterscheiden. Bei *C. luteovittatus* and *C. randalli* ist der gelbe Fleck zu einem Band erweitert. Die letztgenannte Art beschränkt sich in ihrer Verbreitung auf die Inseln vor der Nordwestküste Australiens, wo viele andere Arten sich in der Färbung ebenfalls von ihren indonesischen Populationen unterscheiden. *Cirrhilabrus luteovittatus* scheint am nächsten mit *C. solorensis* verwandt zu sein. Ein gelber Fleck oder Streifen wird auch häufig von im Riff lebenden Planktonfressern wie den Füsilieren (Caesionidae) gezeigt und erleichtert wohl den Gruppenzusammenhalt beim Fressen. Einige *Cirrhilabrus*-Männchen verändern beim Aufsteigen vom Grund die Färbung, während Weibchen in der Nähe des Bodens bleiben.

Temmincks Zwerglippfisch – C. temminckii

Cirrhilabrus temminckii Bleeker, 1853. Nagasaki, Japan.

Der Name *Cirrhilabrus temminckii* wird für einen Artenkomplex benutzt. Die tatsächliche Art kommt nur im südlichen Japan von der Halbinsel Izu bis zu den Ryukyu-Inseln vor. Populationen in Indonesien und West-Australien stellen wohl eigene Arten dar (siehe gegenüber liegende Seite). Männchen zeigen einen leuchtendroten Rücken, sind dunkel bis rot an den Seiten und besitzen stark verlängerte, weiße Bauchflossen. In der Balzfärbung wird der Rücken blauweiß. Bildet Schulen, die an den Riffkanten bis in 25 m Tiefe vorkommen. Erwachsene fressen Zooplankton, doch Jungtiere bleiben nahe am Substrat. Länge bis 10 cm.

A
Cirrhilabrus temminckii. Kochi, Japan. T. 25 m. L.10 cm (Tomonori Hirata).

B

C
C. temminckii. Balzende Männchen. Kashiwajima, Japan. T. 20 m. L.10 cm.

D
C. temminckii. Imponierendes Männchen. Izu, Japan. Tiefe 25 m. Länge 9 cm.

E
Cirrhilabrus temminckii. Männchen. Izu, Japan. Tiefe 25 m. Länge 9 cm.

F
C. temminckii. Kochi. T. 20 m. L. 30 mm (Tomonori Hirata).

G
Cirrhilabrus temminckii. Kochi. D. 16 m. L. 35 mm (T. Hirata).

H
Cirrhilabrus temminckii. Kochi. T. 7 m. L. 7 cm (Tomonori Hirata).

I
C. temminckii. Nicht erregtes Männchen. Kashiwajima, Japan.

Blaugestreifter Zwerglippfisch
Cirrhilabrus cf. temminckii (1)

Indonesien und Malaysia; nördliche Ausdehnung des Verbreitungsgebietes ungewiss. Kann bis zu den südlichsten Inseln Japans reichen. Unterscheidet sich deutlich von *C. temminckii*, besonders balzende Männchen. Tritt in Felsen- oder Geröllriffen in geschützten Buchten auf, meist mit anderen Arten der Gattung in etwa 10 m Tiefe. Länge bis 10 cm.

C. cf. *temminckii* (1). Männchen. Kalimantan, Indonesien. D. 10 m. L. 10 cm.

Cirrhilabrus cf. *temminckii* (1). Malaysia. T. 10 m. L. 65 mm.

Cirrhilabrus cf. *temminckii* (1). Männchen in Balzfärbung. Bali, Indonesien. Tiefe 10 m. Länge 75 mm.

Pfauen-Zwerglippfisch – C. cf. temminckii (2)

West-australische Art, die nur von den Albrohos bis zum Nord-West-Kap und den Monte-Bello-Inseln vorkommt. Wie beim echten *Cirrhilabrus temminckii* sind die Männchen auf dem Rücken und an den Seiten vor allen Dingen rot gefärbt. Männchen der indonesischen Form zeigen oft dunkle Flecke auf der Seite sowie an der Basis der Brustflossen (diese treten bei *C. temminckii* nicht auf). In kleinen Gruppen zwischen Felsen und Geröll. Bis 40 m Tiefe. Länge bis zu 10 cm.

Cirrhilabrus cf. *temminckii* (2). Weibchen und Jungtier. Muiron I., West-Australien. Tiefe 10 m. Längen 60 und 75 mm.

Cirrhilabrus cf. *temminckii* (2). Männchen. Längen etwa 10 cm. WA. (A: Shark Bay, Barry Hutchins; D: Houtman Abrolhos). Aus 30 m Tiefe (Jerry Allen).

A

Cirrhilabrus lyukyuensis. Männchen. Iriomote, Japan. Tiefe 20 m. Länge 10 cm.

Gelbfleck-Zwerglippfisch – C. lyukyuensis

Cirrhilabrus lyukyuensis Ishigawa, 1904. Okinawa, Japan.

Südliches bis nördliches Indonesien, entlang der Wallace-Linie bis Bali und Süd-Sulawesi. Selten in Bali; nur gelegentlich gemeinsam mit *Cirrhilabrus solorensis* anzutreffen. Wahrscheinlich auch in Gesellschaft von *C. cyanopleura*. Die Art ist bei den Sangihe-Inseln häufig. Männchen zeigen oft ein großes gelbes Dreieck an den Seiten. In Mabul ist dieser Fleck eher rosa. Länge bis zu 10 cm.

B

C

Cirrhilabrus lyukyuensis. Kochi, Japan. B: Männchen. Tiefe 12 m. Länge 7 cm. C: Männchen, Balz. Tiefe 8 m. L. 9 cm (B und C: Tomonori Hirata).

D

E

Cirrhilabrus lyukyuensis. Japan. D: Ehime. Weibchen. Tiefe 16 m. Länge 5 cm. E: Kochi. Weibchen. Tiefe 10 m. L. 4 cm (D und E: Tomonori Hirata).

F

Cirrhilabrus lyukyuensis. Männchen. Mabul, Malaysia. T. 15 m. Länge 10 cm.

G

Cirrhilabrus lyukyuensis. Iriomote, Japan. T. 10 m. L. 40 mm.

H

I

Cirrhilabrus lyukyuensis. Sangihe Islands, Indonesien. H: Tiefe 6 m. Länge 55 mm. I: Männchen. Tiefe 7 m. Länge 9 cm.

Gürtel-Zwerglippfisch – Cirrhilabrus balteatus

Cirrhilabrus balteatus Randall, 1988. Marshall Islands.

Nur aus der Region der Marshall-Inseln bekannt. Bildet über Riff- oder Geröllsubstraten Schulen und ernährt sich vom Zooplankton des Bodens bis in 20 m Tiefe. Männchen lassen sich von den anderen Arten der Gattung im gleichen Lebensraum an ihrer Zeichnung und den extrem langen Bauchflossen unterscheiden, doch Weibchen sind schwer zu bestimmen. Länge bis zu 10 cm.

C. balteatus. Marshall Islands. Tiefe 12 m. Länge 85 mm (Satoshi Yoshii).

Condes Zwerglippfisch – Cirrhilabrus condei

Cirrhilabrus condei Allen & Randall, 1996. Madang, PNG.

Östliches Neuguinea bis nördliches Great Barrier Reef. Lebt in Gruppen über geschützten Geröll- oder Algen-Flächen, meist in wenigen Metern Tiefe. Männchen richten auf ungewöhnliche Weise nur den ersten Teil der Rückenflosse auf. Sie lassen sich am schwarzen Rand der Rückenflosse und an einer weißen Linie entlang der Flossenbasis erkennen. Eine kleine Art; die größten bekannten Exemplare sind etwa 8 cm lang.

A

Cirrhilabrus condei. Männchen. Milne Bay, PNG. T. 7 m. L. 65 mm (Jerry Allen).

B

C

D

E

C. condei. Milne Bay, PNG. T. 4 m. B: junges Männchen. C und D: Männchen. D: Balzfärbung. Länge etwa 65 mm. E: Weibchen und Männchen.

Lubbocks Zwerglippfisch – Cirrhilabrus lubbocki

Cirrhilabrus lubbocki Randall & Carpenter, 1980.
Philippinen.

Philippinen bis zur Flores-See. Küsten- und Innenriffe mit niedrigem, aber reichhaltigem Korallen- und Algenbewuchs. Meistens in mittelgroßen Gruppen in Tiefen von 20–25 m. Variable Färbung von rosa bis leuchtendrot oder purpur; Rückenflosse bei erwachsenen oft leuchtendgelb. Nahe mit *C. flavidorsalis* verwandt; Jungfische oder Weibchen kaum zu unterscheiden. Länge bis zu 9 cm.

Cirrhilabrus lubbocki. Männchen. Flores, Indonesien. Tiefe 20 m. Länge 75 mm.

Cirrhilabrus lubbocki. Weibchen. Flores. Tiefe 20 m. Länge 65 mm.

Cirrhilabrus lubbocki. Männchen. Flores, Indonesien. Tiefe 25 m. Länge 9 cm.

Cirrhilabrus lubbocki. Sangihe Island. Tiefe 10 m. Länge 75 mm.

Debelius-Zwerglippfisch – Cirrhilabrus adornatus

Cirrhilabrus adornatus Randall & Kunzmann, 1998.
Pulau Ular, vor Padang, Westküste Sumatras.

Nur von den Inseln vor der Westküste Sumatras bekannt. Nahe verwandt mit *C. flavidorsalis*; Jungfische und Weibchen identisch. Diese Art wurde 1997 von H. Debelius an den Mentawai-inseln vor Sumatra entdeckt und zum ersten Mal fotografiert. *Cirrhilabrus adornatus* lebt über Geröll, besonders durch Sturm zerstörten Korallen. Länge bis 65 mm.

Cirrhilabrus adornatus. Mentawai-Inseln, West-Sumatra, Indonesien. Tiefe 14 m. Länge 65 mm (Helmut Debelius).

Gelbrücken-Zwerglippfisch – C. flavidorsalis

Cirrhilabrus flavidorsalis Randall & Carpenter, 1980. Philippinen.

Philippinen bis nördliches Indonesien, südlich bis zur Flores-See. Lebt in geschützten Buchten über Geröllabhängen mit Korallen, Algen und Schwämmen im Flachwasser. Oft große Gruppen wie bei den Sangihe-Inseln in Tiefen von weniger als 10 m; kommt aber auch in bis zu 20 m vor. Männchen sind sehr variabel; die Rückenflosse kann alle Farben von Gelb bis Rot oder Blau annehmen, der Körper rot bis rosa oder weiß sein, abhängig von Stimmung und Alter. Länge bis zu 65 mm.

A

B

C

C. flavidorsalis. Indonesien. A: Flores, Männchen. T. 15 m. B und C: Sangihe Islands. T. 6 m. B: Weibchen. L. 55 mm. C: Männchen. L. 65 mm.

Walindi-Zwerglippfisch – Cirrhilabrus walindi

Cirrhilabrus walindi Allen & Randall, 1996. New Britain Island.

Östliches Neuguinea und Solomon-Inseln. Lebt über Geröll-Abhängen mit reichem Wirbellosen-Bewuchs. Meist in kleinen Gruppen von überwiegend Weibchen. Männchen schwimmen oft locker in der Nähe oder höher über dem Substrat. In der Kimbe Bay im flachen Wasser von 10 m Tiefe beobachtet, doch meistens in 40–50 m Tiefe. Manche Männchen schwimmen auf der Jagd nach Zooplankton hoch über dem Substrat. Leicht an den schwarzen Flecken auf dem Körper und der Schwanzflosse zu erkennen. Länge bis etwa 8 cm.

A

Cirrhilabrus walindi. Männchen. Milne Bay, PNG. Tiefe 45 m. Länge 75 mm.

B

Cirrhilabrus walindi. Kimbe B., PNG. T. 15 m. L. 48 mm (J. Allen).

C

Cirrhilabrus walindi. Pair. Milne Bay, PNG. Tiefe 45 m. Länge 75 mm.

Rotrand-Zwerglippfisch – C. rubrimarginatus

Cirrhilabrus rubrimarginatus Randall, 1992.
Ryukyu-Inseln, Japan.

West-Pazifik; südliches Japan bis Indonesien und Papua-Neuguinea. Küsten- und Außenriff-Drop-Offs, Geröllabhänge und -flächen. Jungfische einzeln zwischem grobem Geröll, meistens in 20–30 m Tiefe. Erwachsene in kleinen, losen Verbänden meist in 40 m Tiefe oder mehr um Riffteile auf offenen Substraten. Große Männchen mit roten, in der Tiefe dunkel wirkenden Flossenrändern. Bis 11 cm.

A *Cirrhilabrus rubrimarginatus.* Flores, Indonesien. Tiefe 50 m. Länge 11 cm.

B *Cirrhilabrus rubrimarginatus.* Kerama, Japan. T. 25 m. L. 35 mm.

C *Cirrhilabrus rubrimarginatus.* Bali, Indonesien. T. 55 m. L. 10 cm (T. Tonozuka).

D *Cirrhilabrus rubrimarginatus.* Bali, Indonesien. T. 35 m. L. 50 mm.

E *Cirrhilabrus rubrimarginatus.* Männchen. Fiji. T. 20 m. L. 8 cm (Scott Michael).

F

G

H

Cirrhilabrus rubrimarginatus. Kochi, Japan. G: Balzfärbung. T. 26 m. L. 8 cm. F: L. 35 mm. H: L. 40 mm (Tomonori Hirata).

Pyle-Zwerglippfisch – Cirrhilabrus pylei

Cirrhilabrus pylei Allen & Randall, 1996.
Papua-Neuguinea.

West-Pazifik, Bali und Papua-Neuguinea. Offensichtlich auf sehr tiefes Wasser beschränkt. Ähnelt *Cirrhilabrus rubrimarginatus* sehr; Männchen besitzt jedoch einen blauen Schwanzflossenrand und sogar noch länger ausgezogene Bauchflossen. Beide Arten kommen an der Insel Menjangan bei Bali gemeinsam vor. Länge bis zu 9 cm.

A *Cirrhilabrus pylei.* Männchen. Tiefe 85 m. Länge 75 mm (Akira Ogawa).

B *Cirrhilabrus pylei.* Weibchen. Aquarium (Scott Michael).

C *Cirrhilabrus pylei.* Menjangan I., Bali. Tiefe 55 m. L. 8 cm (Takamasa Tonozuka).

Rosaflossen-Zwerglippfisch – Cirrhilabrus sp. (1)

Unbeschriebene Art.

Coral Sea. Üblicherweise eine Tiefwasserart, doch nach Fenton Walsh kommt sie beim Holmes Reef in geringen Tiefen von 6–8 m über Geröllboden vor. Eine von der Zeichnung her gut abzugrenzende Art; die kräftig rosafarbene Zeichnung der Rückenflosse ist einzigartig. Länge ungefähr 9 cm.

A

B *Cirrhilabrus* sp. (1). Vom Holmes Reef, Queensland, Australien. Tiefe 6–8 m (Fenton Walsh).

Cirrhilabrus lineatus. Männchen. Vom Holmes Reef. L. 10 cm (Fenton Walsh).

Lavendel-Zwerglippfisch – C. lineatus

Cirrhilabrus lineatus Randall & Lubbock, 1982. Neu-Kaledonien.

Great Barrier Reef und Coral Sea. Scheint die nahe verwandte Art *Cirrhilabrus rubrimarginatus* im übrigen West-Pazifik zu ersetzen. Meldungen südlich von Papua-Neuguinea basieren wohl auf *C. lineatus*. Abhänge und Drop-Offs ab 15 m Tiefe, meist jedoch 30–50 m. Männchen leicht an der Zeichnung zu erkennen. Weibchen rosa mit blauen Linien auf Kopf und Körper, die sich zu Punkten auflösen. Bis 11 cm.

Cirrhilabrus lineatus. GBR. T. 25 m. B: Weibchen. L. 75 mm. C: juvenil. L. 35 mm. B: Männchen. L. 11 cm (B–D: Phil Woodhead).

Earles Zwerglippfisch – Cirrhilabrus earlei

Cirrhilabrus earlei Randall & Pyle, 2001. Palau.

Nur von Palau bekannt. Tiefwasserart. Auf Geröllabhängen in mehr als 50 m Tiefe. Typusexemplare aus mehr als 80 m Tiefe. Gut zu erkennendes Streifenmuster. Erwachsene Tiere mit zugespitzter Schwanzflosse, die bei Männchen etwas stumpfer wird. Länge bis zu 85 mm.

Cirrhilabrus earlei. Palau. Tiefe 50–60 m. A: Weibchen. B: Männchen. C: kleiner Jungfisch. D: großer Jungfisch (A–D: Hiroshi Nagano).

Lanzett-Zwerglippfisch
Cirrhilabrus rhomboidalis

Cirrhilabrus rhomboidalis Randall, 1988. Marshall I.

Nur von den Marshall-Inseln her bekannt. Über Sand- und Geröllabhängen in bis zu 40 m Tiefe. Verglichen mit anderen Arten der Gattung dichter über dem Substrat. Das größte bekannte Tier, das männliche Typusexemplar, ist 102 mm lang.

A

B

Cirrhilabrus rhomboidalis. A: juvenil. B: junges Männchen. Aquarium-Import von den Marshall-Inseln (Yataka Niino).

C

D

E

F

C. rhomboidalis. Marshall-Inseln. Tiefe 20 m. C: Jungfische. D–F: Männchen, die beiden letzten in Balzfärbung, Längen 6–8 cm (C–F: Rob Myers).

Walshs Zwerglippfisch – Cirrhilabrus walshi

Cirrhilabrus walshi Randall & Pyle, 2000. Coral Sea.

Nur von der Coral Sea bis American Samoa bekannt, von wenigen Tieren aus 37–46 m. Ähnelt *Cirrhilabrus condei*, ist jedoch schlanker und zeigt eine anders gefärbte Rückenflosse. Länge bis etwa 75 mm.

A

B

Cirrhilabrus walshi. Exemplare von Pago Pago (Fenton Walsh).

Tonos Zwerglippfisch – Cirrhilabrus tonozukai

Cirrhilabrus tonozukai Allen & Kuiter, 1999. Sulawesi.

Östliches Sulawesi, Lembeh Strait bis zu den Banggai-Inseln und Palau. Über offenen festen Substraten mit Algen und gelegentlichem Korallen-Bewuchs, meist im Bereich starker Strömung. Jungtiere und Weibchen in kleinen Gruppen, manchmal mit mehreren Männchen, von denen das größte dominierend ist. Tiefe 15–40 m. Die Männchen sind anhand ihres langen Rückenflossen-Filaments und der roten Afterflosse, die in natürlichem Licht schwarz wirkt, zu erkennen. Identifikation der Weibchen schwierig. Länge bis zu 75 mm.

C. tonozukai. Männchen. Sulawesi. T. 35 m. L. 75 mm (A: T. Tonozuka).

Cirrhilabrus tonozukai. Männchen. Palau (Hiroshi Nagano).

C. tonozukai. Junge und Weibchen. Lembeh Strait. L. 35–60 mm.

Wimpel-Zwerglippfisch – C. filamentosus

Cirrhilabrichthys filamentosus Klausewitz, 1976. Java-See.

Südliches Indonesien von Java bis Timor. Lebt auf tiefen, schlammigen Küstenabhängen; wird vornehmlich bei Trawlerfängen gefunden. Kommt aber auch an schlammigen Flussmündungen vor. Kleine Gruppen von Jungfischen und Weibchen mit einem dominierenden Männchen. Tritt beim Fressen von Zooplankton weit über dem Substrat mit anderen *Cirrhilabrus-* oder *Paracheilinus*-Arten auf. Bei der Balz sehr auffällig; kann in Sekunden zwischen normaler (B) und Balzfärbung (A) wechseln. Länge bis zu 8 cm.

Cirrhilabrus filamentosus. Bali, Indonesien. A Männchen. Tiefe 6 m. Länge 8 cm. B: Männchen. Tiefe 20 m. Länge 8 cm C: Weibchen. T. 6 m. L. 6 cm.

Geselliger Zwerglippfisch – C. rubriventralis

Cirrhilabrus rubriventralis Springer & Randall, 1974.
Rotes Meer.
Rotes Meer und westlicher Indischer Ozean. Im östlichen Indischen Ozean durch die ähnliche Art *Cirrhilabrus joanallenae* ersetzt. An den langen Strahlen der Rückenflosse und den langen rötlichen Bauchflossen zu erkennen. Bis 85 mm.

A

Cirrhilabrus rubriventralis. Aquarium (Yutaka Niino).

B

Cirrhilabrus rubriventralis. Exemplar aus dem Roten Meer (Helmut Debelius).

Pulauweh-Zwerglippfisch – C. joanallenae

Cirrhilabrus joanallenae Allen, 2000. Pulau Weh, Sumatra.

Nur von Sumatra bekannt, kommt aber wahrscheinlich von der Andamanen- bis zur Java-See vor. Aus Bali als Aquarienfisch exportiert. Nahe mit *Cirrhilabrus rubriventralis* vom Roten Meer verwandt; vielleicht handelt es sich auch um Populationen der gleichen Art. So weisen bei Sri Lanka gefangenen Tiere Merkmale beider Arten auf (B). Ältere Männchen zeigen große, dunkle Bauchflossen, die bei *C. rubriventralis* rot und bei *C. joanallenae* schwarz gefärbt sind. Daneben gibt es auch noch kleine meristische Differenzen, etwa die Strahlenzahl der Bauchflossen. Auf Geröllabhängen in 20–40 m Tiefe. Länge bis zu 85 mm.

A

B

Cirrhilabrus joanallenae? Weibchen. Aquarium-Import von Sri Lanka; scheint diese Art zu sein (Fenton Walsh).

C

Cirrhilabrus joanallenae. Männchen. Pulau Weh, Nord-Sumatra. Tiefe 20 m. Länge 8 cm (A: Roger Steene; C: Takamasa Tonozuka).

D

E

Cirrhilabrus joanallenae? Aquarium-Import aus Indonesien (Java?), bei dem es sich um die Art handeln könnte (Scott Michael).

KwaZulu-Zwerglippfisch – Cirrhilabrus sp. (2)

Unbestimmte und vermutlich auch unbeschriebene Art

Von Süd-Afrika bekannt und meistens als *C. rubriventralis* bezeichnet. Unterscheidet sich aber deutlich und ähnelt besonders im weiblichen Geschlecht *C. morrisoni*. Nach dem Fotografen Dennis King kommen die Fische in 25–50 m Tiefe vor. Länge bis zu 65 mm.

Cirrhilabrus sp. (2). KwaZulu-Natal. Tiefe 30 m. A: Männchen. Länge 65 mm. B: Weibchen. Länge 50 mm (Dennis King).

Morrisons Zwerglippfisch – Cirrhilabrus morrisoni

Cirrhilabrus morrisoni. Hibernia Reef, nördliches WA.

Hibernia Reef in der westlichen Timor-See, vor der australischen Küste, etwa 130 km südlich von Roti Island, Indonesien. Auf offenen Substraten mit Geröll und dichten *Halimeda*-Algen in etwa 30 m Tiefe. Männchen sind an den schwarzen Flossen gut zu erkennen. Bis 55 mm lang.

Cirrhilabrus morrisoni. Hibernia Reef, NW-Australien. Tiefe 30 m. A: Männchen. Länge 55 mm (Jerry Allen). B: juvenil. Länge 50 mm (Clay Bryce).

Rosaschuppen-Zwerglippfisch – C. rubrisquamis

Cirrhilabrus rubrisquamis Randall & Emery, 1983. Chagos-Archipel.

Nur von den Malediven bekannt. Chagos-Archipel und Sri-Lanka-Bereich. Vor allem an Drop-Offs bis in 50 m Tiefe. In an Wirbellosen reichen Lebensräumen, manchmal in kleinen Gruppen unter Riff-Überhängen. Schuppen des Vorderkörpers bei Erwachsenen mit dunklen Rändern. Während der Balz werden die Männchen auf den Seiten nahezu weiß, fast nur der Kopf bleibt rot. Länge bis zu 65 mm.

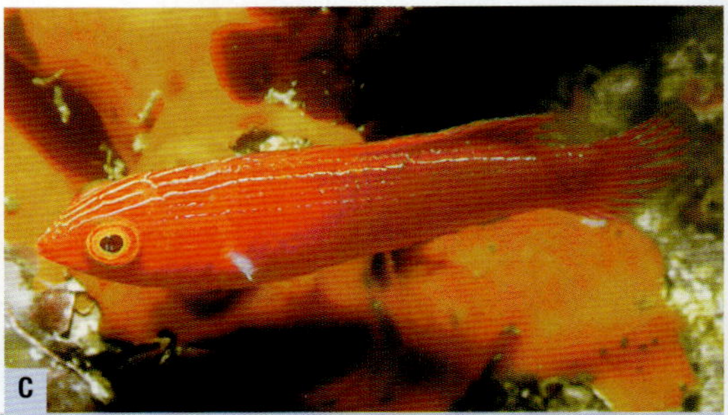

Cirrhilabrus rubrisquamis. Aquarienfotos. A: junges Männchen (Hiroyuki Tanaka). B: Männchen. C: Weibchen (Scott Michael).

Blutfleck-Zwerglippfisch – C. sanguineus

Cirrhilabrus sanguineus Cornic, 1987. Mauritius.

Nur von Mauritius bekannt. Tiefwasserart, die auf Geröll-Abhängen fern von Drop-Offs in 40–60 m Tiefe lebt. Die Männchen lassen sich leicht an dem roten Fleck in Körpermitte identifizieren, der unter Wasser schwarz wirkt. Länge bis zu 65 mm.

A

Cirrhilabrus sanguineus. Mauritius. Tiefe 60 m (Hugues Vitry).

B

Cirrhilabrus sanguineus. Neotypus, 91 mm. Aquarium, Mauritius (Roger Steene).

Katoi-Zwerglippfisch – Cirrhilabrus katoi

Cirrhilabrus katoi Senou & Hirata, 2000. Izu Isl., Japan.

Nur von den Inseln vor der Halbinsel Izu und südlich bis Kashiwajima bekannt. In Gruppen über felsigem Substrat, gemeinsam mit anderen Arten der Gattung bis in 40 m Tiefe. Kleine Gruppen bestehen aus Weibchen und einem oder zwei Männchen. Bis etwa 10 cm.

A

B

Cirrhilabrus katoi. Kochi, Japan. T. 20 m. L. 20 mm (T. Hirata).

C

Cirrhilabrus katoi. Kochi, Japan. T. 24 m. L. 35 mm (T. Hirata).

D

Cirrhilabrus katoi. Männchen, Balz. Kochi, Japan. T. 27 m. L. 10 cm (Tomonori Hirata).

E

Cirrhilabrus katoi. Kochi, Japan. T. 24 m. L. 7 cm (T. Hirata).

F

Cirrhilabrus katoi. Männchen. Kochi, Japan. T. 25 m. L. 80 mm (Tomonori Hirata).

Langschwanz-Zwerglippfisch – C. lanceolatus

Cirrhilabrus lanceolatus Randall & Masuda, 1991. Japan.

Gegend von Izu bis zu den Ryukyu-Inseln, Japan; Lokalform in Palau. Kommt meist in mehr als 40 m Tiefe vor. An der Farbe und an der Schwanzform zu erkennen, die bereits bei Jungen spitz ist. Länge bis 15 cm, wobei die Schwanzflosse bis zu einem Drittel einnimmt.

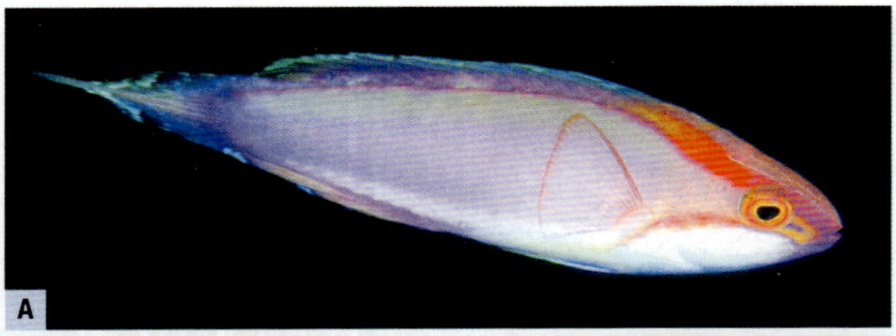

Cirrhilabrus lanceolatus. Kochi, Japan. T. 45 m. A und B: Männchen. L. 10 cm. C und D: Weibchen. Länge 6 cm (Tomonori Hirata).

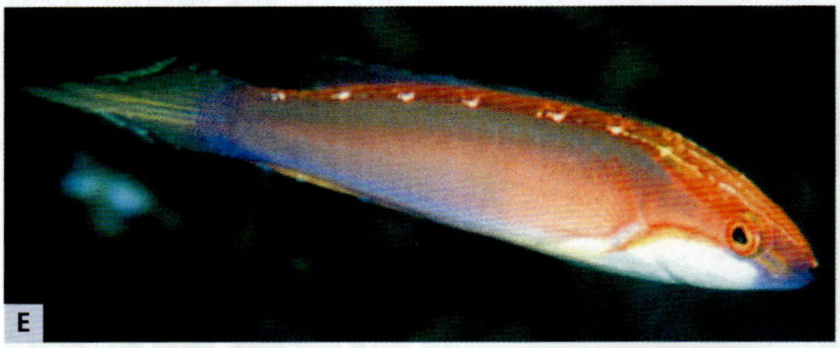

Cirrhilabrus lanceolatus. Kumejima, Japan. F und G: Männchen. L. 14 cm. F und H: Jungtiere. L. 50 und 45 mm (E–H: Tsuyoshi Kawamoto).

Cirrhilabrus lanceolatus. Männchen. Palau. Länge 9 cm (Hiroshi Nagano).

Glanz-Zwerglippfisch
Cirrhilabrus cf. lanceolatus

Unbeschriebene Art.

Gegend von Izu bis zu den Ryukyu-Inseln, Japan. Art des Tiefwassers. Männchen besonders während der Balz (A) wunderschön gefärbt. Noch unbeschriebene Art, die wegen ihrer Schwanzform oft mit *Cirrhilabrus lanceolatus* verwechselt worden ist. Länge bis zu 12 cm.

A

Cirrhilabrus cf. *lanceolatus*. Kochi, Japan. L. 12 cm. T. 38 m (Tomonori Hirata).

C

Cirrhilabrus cf. *lanceolatus*. Kochi. L. 6 cm. T. 40 m (T. Hirata).

B

Cirrhilabrus cf. *lanceolatus*. Kumejima, Japan (Tsuyoshi Kawamoto).

D

Cirrhilabrus cf. *lanceolatus*. Kochi. L. 4 cm. T. 30 m (T. Hirata).

F

Cirrhilabrus cf. *lanceolatus*. Kochi, Japan. L. 8 cm. T. 38 m (Tomonori Hirata).

E

Cirrhilabrus cf. *lanceolatus*. Kochi. L. 7 cm. T. 38 m (T. Hirata).

G

Cirrhilabrus cf. *lanceolatus*. Kochi. L. 5 cm. T. 42 m (T. Hirata).

H

Cirrhilabrus cf. *lanceolatus*. Kochi, Japan, L. 6 cm. T. 36 m (Tomonori Hirata).

Sichelschwanz-Zwerglippfisch – C. lunatus

Cirrhilabrus lunatus Randall & Masuda, 1991.
Okinawa, Japan.

Nur vom südlichen Japan her bekannt. Die hier ebenfalls abgebildeten indonesischen Exemplare werden der Art mit Vorbehalt zugeordnet. Bild H zeigt eine kleine Gruppe von Weibchen und Jungen, die über Geröll mit kurzen Algen gefunden wurden. Meist in 30–45 m Tiefe lebend. Ungefähr 9 cm lang.

A

B

C

Cirrhilabrus lunatus. Männchen in Balzfärbung. Kochi, Japan. A: T. 23 m. L. 9 cm. B: T. 23 m. L. 12 cm. C: T. 45 m. L. 10 cm (A–C: T. Hirata).

D

E

Cirrhilabrus lunatus. Kochi, Japan. D: Weibchen. Tiefe 36 m. Länge 5 cm. E: Subadult. Tiefe 40 m. Länge 5 cm (D und E: Tomonori Hirata).

F

Cirrhilabrus lunatus. Nusa Penida, Bali. T. 50 m. L. 65 m (Akira Ogawa).

G

C. lunatus. Kochi, Japan. Weibchen. T. 45 m. L.6 cm (T. Hirata).

H

I

Cirrhilabrus lunatus. Sangihe- Inseln, Indonesien. Tiefe 40 m. Länge 40–50 mm.

Laboutes Zwerglippfisch – C. laboutei

Cirrhilabrus laboutei Randall & Lubbock, 1982. Neu-Kaledonien.

Great Barrier Reef und Neu-Kaledonien. Hauptsächlich in den Außenriffen, vom oberen Bereich der Abhänge bis zu den Schuttanhäufungen in mindestens 50 m Tiefe. Meist in kleinen Gruppen. Gut zu erkennende Zeichnung, die sich bei Tieren verschiedenen Alters oder Geschlechts kaum unterscheidet. Länge bis 75 mm.

A

Cirrhilabrus laboutei. Männchen. Great Barrier Reef. L. 85 mm (Fenton Walsh).

B

C. laboutei. Jungfisch. GBR. L. 30 mm (Phil Woodhead).

C

Cirrhilabrus laboutei. Weibchen. GBR. L. 65 mm (Roger Steene).

Rotkopf-Zwerglippfisch – C. blatteus

Cirrhilabrus blatteus Springer & Randall, 1974. Rotes Meer.

Im Roten Meer endemisch. Kleine Gruppen von Weibchen und einem einzelnen Männchen, meist an tiefen Geröllabhängen entlang des Riffrandes. Schwanzflosse lang, gelbe und purpurne Linien. Bis 10 cm.

A

C. blatteus. Weibchen. Rotes Meer (Thomas Paulus).

B

Cirrhilabrus blatteus. Männchen. Rotes Meer (Helmut Debelius).

Feuer-Zwerglippfisch – Cirrhilabrus jordani

Cirrhilabrus jordani Snyder, 1904. Hawaii.

In Hawaii endemisch. Vorwiegend aus Weibchen bestehende Gruppen, meist in Tiefen von mehr als 20 m. An der Zeichnung leicht zu erkennen. Bis 10 cm.

A

B

Cirrhilabrus jordani. A: Männchen. B: Jungtier oder Weibchen. Aquarium-Import (A und B: Yutaka Niino).

Schwarzrand-Zwerglippfisch – C. melanomarginatus

Cirrhilabrus melanomarginatus Randall & Shen, 1989. Taiwan.

Südliches Chinesisches Meer, Pilippinen bis südliches Japan. Küstenferne Riffe in verschiedenen Tiefen bis zu 40 m. Erwachsene am schwarzen Außenrand der Rückenflosse und ihrer Größe zu erkennen. Ein großes Tier kann 15 cm Länge erreichen.

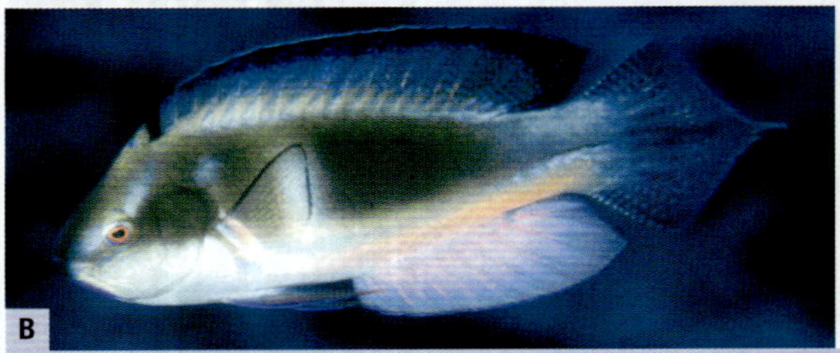

C. melanomarginatus. Japan. A und B: Männchen in Balzfärbung. Okinawa (A: T. Kawamoto; B: K. Yunokawa; C: Kochi). T. 8 m. L. 6 cm (T. Hirata).

Scotts Zwerglippfisch – Cirrhilabrus scottorum

Cirrhilabrus scottorum Randall & Pyle, 1989. Tahiti.

Südlicher Pazifik, Great Barrier Reef bis zur Pitcairn-Gruppe. Einige Lokalformen mögen eigene Arten repräsentieren. In Lagunen und im Außenriff. Beim Fressen von Zooplankton meist in kleinen Gruppen von Weibchen mit weniger Männchen. Jungtiere halten sich über Geröllsubstraten in der Nähe des Bodens auf. Männchen an der Zeichnung zu erkennen. Länge bis 10 cm.

Cirrhilabrus scottorum. GBR, Australia. A und B: Männchen. Länge 10 cm. Tiefen: A 24 m, B 6 m. C: Jungfische, etwa 45 mm (A–C: Phil Woodhead).

Cirrhilabrus scottorum. Aquarienfotos. D: vom Holmes Reef, Queensland, Australien. L. 10 cm. E: von Samoa (D und E: Fenton Walsh).

Cirrhilabrus scottorum. Aquarienfotos. F: Herkunft unbekannt. E: Tonga (F und G: Scott Michael).

Pracht-Zwerglippfisch – Cirrhilabrus exquisitus

Cirrhilabrus exquisitus Smith, 1957. Mozambique.

Im Indischen Ozean bis nach Sumatra weit verbreitet. An den Riffkanten über den Geröllbereichen. Meist in mittelgroßen Gruppen gemischten Geschlechts beim Fressen von Zooplankton, oft hoch über dem Substrat. Männchen imponieren oft voreinander. Bis in etwa 40 m Tiefe. Länge bis zu 11 cm.

Cirrhilabrus exquisitus. Männchen, A und B in Balzfärbung. Malediven. Tiefe etwa 30 m. Länge 10–11 cm.

Pazifischer Pracht-Zwerglippfisch – C. cf. exquisitus

West-Pazifik von den Philippinen bis nach Indonesien, Australien und Fiji. Lokalformen in West-Australien, Japan und Fiji. Auf dem flachen Außenriff-Dach oder der Oberkante eines Drop-Offs. Männchen imponieren durch schnelles Schwimmen mit gespreizten Flossen und intensiven Farben. Länge bis zu 10 cm.

C. cf. *exquisites.* Männchen in Balzfärbung (Var. 1), Indonesien. A: Flores. T. 6 m. L. 10 cm. B: Sangihe I. T. 4 m. L. 85 mm. B und C nicht erregt.

Cirrhilabrus cf. *exquisites.* Männchen in Balzfärbung (Var. 2). D: Fiji (Gary Bell). E: (Var. 3). Kochi, Japan. Tiefe 18 m. Länge 8 cm (Tomonori Hirata).

Cirrhilabrus cf. *exquisites.* Männchen, in G in Balzfärbung (Var. 4). Rowley Shoals, West-Australien. Tiefe 16 m. Länge 75 mm.

Gattung Conniella Allen, 1983

Feminin. Typus-Art: *Conniella apterygia* Allen, durch die Erstbeschreibung. Monotypische Gattung, nahe mit der Gattung *Cirrhilabrus* verwandt. *Conniella* fehlen die Bauchflossen, doch Zeichnungsmuster und Verhalten stimmen mit *Cirrhilabrus* überein. Meist dicht über Geröllabhängen, steigt jedoch zum Fressen von Zooplankton auf; oft vergesellschaftet mit *Anthias*. Im Aquarium vermutlich ähnlich wie *Cirrhilabrus*.

Rowley-Shoals-Zwerglippfisch – C. apterygia

Conniella apterygia Allen, 1983. Rowley Shoals.

Nur von Rowley Shoals und Scott Reef vor der Nordwestküste Australiens bekannt. In kleinen bis großen Gruppen, vor allem an 35–50 m tiefen Geröllabhängen unter den äußeren Riffwänden, doch auch in nur 12 m tiefen Lagunen (C, D). Keine ähnlich gezeichnete Art im gleichen Vorkommensgebiet. Jungtiere mit abgerundeter Schwanzflosse und kleinem schwarzem Fleck auf dem Schwanzstiel, ähnlich wie viele *Cirrhilabrus*-Junge. Länge bis etwa 9 cm, meist jedoch viel kleiner. Große Individuen in kleinen Gruppen sind oft alle männlich.

Conniella apterygia. Alle Fotos von Rowley Shoals, WA. A: großes Männchen, etwa 9 cm. B: verschiedene Blickwinkel, die das Fehlen der Bauchflossen verdeutlichen. C: juvenil, etwa 35 mm. D: Männchen, etwa 65 mm. E: in Gesellschaft von *Anthias* (unbeschriebene Art), eine Vergesellschaftung, die beim Fressen von durch die Strömung herbeigetragenen Zooplanktons nicht selten ist. F: ein Männchen, darunter wahrscheinlich ein Weibchen.

Gattung Pseudocheilinus Bleeker, 1962

Maskulin. Typus-Art: *Cheilinus hexataenia* Bleeker, 1857. Kleine Gattung mit sieben indopazifischen Arten.

1 *Pseudocheilinus citrinus* Randall, 1999 – Pitcairn-Zitronenlippfisch
2 *Pseudocheilinus dispilus* Randall, 1999 – Zweifleck-Réunion-Lippfisch
3 *Pseudocheilinus evanidus* Jordan & Evermann, 1903 – Streifen-Zwerglippfisch (S. 48)
4 *Pseudocheilinus hexataenia* (Bleeker, 1857) – Sechslinien-Zwerglippfisch (siehe unten)
5 *Pseudocheilinus ocellatus* Randall, 1999 – Geringelter Zwerglippfisch (S. 48)
6 *Pseudocheilinus octotaenia* Jenkins, 1901 – Achtlinien-Zwerglippfisch (S. 49)
7 *Pseudocheilinus tetrataenia* Schultz, 1960 – Vierlinien-Zwerglippfisch

Alle Arten sind kleine und bunt gefärbte Fische, die meistens versteckt zwischen Felsen oder Korallen leben. Meistens leben sie in kleinen, lockeren Gruppen über einen kleinen Teil des Riffs verteilt. Sie ernähren sich von kleinen Wirbellosen des Substrates, nehmen aber ebenso Zooplankton in der Nähe des Bodengrundes auf. Außergewöhnlich für Lippfische ist, dass sich die verschiedenen Entwicklungsstadien vom Jungfisch bis zum Erwachsenen kaum in der Färbung unterscheiden. Alle Arten der Gattung lassen sich leicht pflegen und sind gut für ein Wirbellosen-Aquarium geeignet.

Sechslinien-Zwerglippfisch – P. hexataenia

Cheilinus hexataenia Bleeker, 1857. Ambon.

Im Indik und westlichen Pazifik weit verbreitet. Küsten- bis Außenriffe. Zwischen dichten Korallenbeständen auf Riffdächern oder an Abhängen bis zu Tiefen von etwa 20 m. Tritt meist in kleinen, lockeren Gruppen auf. Scheue Art, die meistens im Schutz der Korallen bleibt. Am Linienmuster und dem kleinen Ocellus an der Basis der Schwanzflosse zu identifizieren. Länge bis zu 85 mm.

A *Pseudocheilinus hexataenia.* Bali, Indonesien. Tiefe 8 m. Länge 75 mm.

B *Pseudocheilinus hexataenia.* Mabul. T. 8 m. L. 55 mm.

C *Pseudocheilinus hexataenia.* Bali, Indonesien. Tiefe 15 m. Länge 85 mm.

Geringelter Zwerglippfisch
Pseudocheilinus ocellatus

Pseudocheilinus ocellatus Randall, 1999. Marshall-Inseln.

Vom westlichen bis zentralen Pazifik weit verbreitet. Hauptsächlich im klaren Wasser von Abhängen und Wänden der Küsten- und Außenriffe. In Höhlen und Spalten mit reichem Wirbellosenbewuchs mindestens bis in 40 m Tiefe. An dem falschen Augenfleck am Schwanzstiel und den meistens vorhandenen weißen Linien zu erkennen. Bis 12 cm.

Pseudocheilinus ocellatus. Great Barrier Reef, Australien. Tiefe 25 m. A: Länge 55 mm. B: Länge 85 mm. C: Länge 45 mm (A–C Phil Woodhead).

Streifen-Zwerglippfisch
Pseudocheilinus evanidus

Pseudocheilinus evanidus Jenkins, 1901. Hawaii.

Im Indik und westlichen Pazifik weit verbreitet. Vor allem an den mit Wirbellosen bewachsenen Wänden der Küsten- und Außenriffe. In Höhlen oder Spalten bis in mindestens 40 m Tiefe. An den zahlreichen dünnen Längsstreifen auf den Körperseiten zu erkennen. Länge bis zu 8 cm.

Pseudocheilinus evanidus. A und B: Bali, Indonesien. Tiefe 15 m. Länge 65 mm.

Pseudocheilinus evanidus. Malediven. Tiefe 25 m. Länge 55 mm.

Pseudocheilinus evanidus. Flores. Tiefe 7 m. L. 45 mm.

Achtlinien-Zwerglippfisch Pseudocheilinus octotaenia

Pseudocheilinus octotaenia Jenkins, 1901. Hawaii.

Im westlichen Indopazifik weit verbreitet. Abhänge und Wände der Küsten- und Außenriffe. In Höhlen und Spalten mit reichem Wirbellosen-Bewuchs bis in mindestens 40 m Tiefe. An den acht Längsstreifen zu identifizieren. Bis 12 cm.

Pseudocheilinus octotaenia. Kalimantan, Indonesien. Tiefe 30 m. Länge 12 cm.

Pseudocheilinus octotaenia. Flores. T. 25 m. L. 11 cm.

Pseudocheilinus octotaenia. Bali, Indonesien. Tiefe 15 m. Länge 12 cm.

Gattung Pseudocheilinops Schultz, 1960

Maskulin. Typus-Art: *Pseudocheilinops ataenia* Schultz, 1960, durch Originalbeschreibung. Monotypische gattung, die *Pseudocheilinus* ähnelt. Zwischen Korallen und Algen auf geschützten Abhängen versteckt lebend. Ernährt sich von kleinsten Tieren auf dem Substrat. Für das Wirbellosen-Aquarium gut geeignet.

Stachliger Zwerglippfisch – P. ataenia

Pseudocheilinops ataenia Schultz, 1960. Sulawesi.

Indonesien bis Philippinen und Palau. In dichten Korallen- und Algenbeständen auf Abhängen von 20 m Tiefe und mehr. Hauptsächlich im ruhigen Küstengewässer, wo die filigraneren Korallen hoch wachsen. Sucht in kleinen Gruppen nach kleinen Krebstieren. Wegen der geringen Größe leicht zu übersehen. Länge bis zu 65 mm, aber meistens viel kleiner.

Pseudocheilinops ataenia. Maumere, Flores. Tiefe 25 m. Länge 45 cm. A und C männlich, B weiblich.

Gattung Wetmorella Fowler & Bean, 1928

Feminin. Typus-Art: *Wetmorella philippina* Fowler & Bean, 1928. Eine kleine Gattung, die drei indopazifische Arten enthält.

1 *Wetmorella albofasciata* Schultz & Marshall, 1954 – Weißband-Augenflecklippfisch
2 *Wetmorella nigropinnata* (Seale, 1901) – Gelbband-Augenflecklippfisch
3 *Wetmorella triocellata* Schultz & Marshall, 1954 – Kleiner Augenflecklippfisch

Die Gattung besteht aus wenigen, aber interessanten Arten, die üblicherweise in den hinteren und dunkleren Teilen von Höhlen leben. Meist an den äußeren Riffwänden in mittleren Tiefen zu finden, doch gelegentlich auch in geschützten Lagunen. Die Arten lassen sich leicht pflegen und sind ideal für das Wirbellosen-Aquarium. Die Tiere sind sehr scheu und sollten daher mit kleinen Fischen zusammen gepflegt werden, die nicht aggressiv sind und keine Futterkonkurrenz darstellen. Arten wie Mandarinfische (Callionymidae) eignen sich beispielsweise gut zur Vergesellschaftung.

Gelbband-Augenflecklippfisch Wetmorella nigropinnata

Cheilinus nigropinnatus Seale, 1901. Guam.

Im Indik und westlichen Pazifik weit verbreitet. Versteckt in langen, dunklen Höhlen lebend, die sich entlang steiler Abhänge und Wände befinden. Tritt normalerweise in kleinen Gruppen auf, wird jedoch leicht übersehen. Jungfische gelblichgrün bis braun mit starken vertikalen weißen Linien. Männchen rötlichbraun mit gelben Linien. Länge bis zu 65 mm.

A *Wetmorella nigropinnata.* Malediven. Tiefe 25 m. Länge 45 mm.

B *Wetmorella nigropinnata.* Flores, Indonesien. Tiefe 30 m. Länge 55 mm.

C *Wetmorella nigropinnata.* Sipadan. Tiefe 30 m. Länge 20 mm.

D *Wetmorella nigropinnata.* Flores, Indonesien. T. 20 m. L. 40 mm.

E *Wetmorella nigropinnata.* Malediven. T. 15 m. L. 40 mm.

Weißband-Augenflecklippfisch
Wetmorella albofasciata

Wetmorella albofasciata Schultz & Marshall, 1954. Philippinen.

Weit in Indik und westlichem Pazifik verbreitet. Im hinteren Teil von an Wirbellosen reichen Höhlen. Meist in Tiefen von mehr als 20 m; gelegentlich auch in Lagunen oder geschützten Buchten, wenn geeignete Lebensräume vorhanden sind. Bis zu 55 mm.

Wetmorella albofasciata. A und C: Malediven. Tiefe 25 m. Länge. 35 mm.

Wetmorella albofasciata. B und D: Tomini Bay, Sulawesi. B: Tiefe 20 m. Länge 45 mm. D: Tiefe 25 m. Länge 35 mm.

Kleiner Augenflecklippfisch
Wetmorella triocellata

Wetmorella triocellata Schultz & Marshall, 1954. Philippinen.

Nur in wenigen Exemplaren bekannt. Unterscheidet sich vom ähnlichen *W. albofasciata* durch eine gerade vertikale Linie vor den Augenflecken und durch den länglichen Ocellus auf der Afterflosse. Versteckt in etwa 30 m Tiefe lebend. Bis zu 50 mm.

Wetmorella triocellata. Flores. Aus 30 m. L. 45 mm.

Wetmorella triocellata. Aquarien-Import von den Philippinen (Yutaka Niino).

Gattung Epibulus Cuvier, 1815

Maskulin. Typus-Art: *Sparus insidiator* Pallas, 1770. Monotypische, nahe mit *Cheilinus* verwandte Gattung. Durch das extrem vorstreckbare Maul und die langen Kiefer gekennzeichnet. Verschiedene Lokalformen.

Die Gattung besteht aus einer einzelnen, aber ungewöhnlichen Art, bei der das Maul zum Einsaugen der Beute vorgestülpt werden kann. Erwachsene Tiere sind in ihrer Färbung sehr variabel, und manche Tiere sind leuchtendgelb. Kleine Jungfische können an die *Wetmorella*-Arten erinnern. Obwohl leicht zu pflegen, sollten sie nur mit anderen Fischen ähnlicher Größe vergesellschaftet werden. Kleine Tiere eignen sich auch für das Wirbellosen-Aquarium, müssen jedoch umgesetzt werden, wenn sie mit dem Fressen von Garnelen oder Fischen beginnen.

Stülpmaul-Lippfisch – Epibulus insidiator

Sparus insidiator Pallas, 1770. Java.

Weit verbreitet im Indik und westlichen Pazifik. Erwachsene leben an größeren Abhängen oder Drop-Offs. Die Färbung ist von Alter und Geschlecht abhängig; es gibt eine gelbe Form. Die verschiedenen Lokalpopulationen scheinen eine einzige Art zu repräsentieren, die auch im Roten Meer vorkommt. Am besten am ungewöhnlichen Maul zu erkennen, das in geschlossenem Zustand bis zum Ende des Kopfes reicht. Kleine Krebse und Fische werden mit dem vorgestülpten Maul eingesaugt. Das Maul wird gelegentlich an Putzerstationen gereinigt. Bis zu 25 cm.

A

E. insidiator. Ausgefärbtes Männchen. Qld., Australien. Tiefe 15 m. Länge 25 cm.

B

Epibulus insidiator. Männchen. Rowley Shoals, WA. Tiefe 8 m. Länge 23 cm.

C

D

Epibulus insidiator. Männchen. Malediven. Tiefe 10–15 m. Länge 22–25 cm.

E

F

Epibulus insidiator. E: Weibchen. Flores, Indonesien. T. 10 m. L. 15 cm. F: Weibchen mit *Labroides dimidiatus.* Malediven. T. 10 m. L. 14 cm.

Epibulus insidiator. Flores, Indonesien. G: juvenil. Tiefe 15 m. Länge 30 mm. H: Weibchen. Tiefe 15 m. Länge 22 cm.

Epibulus insidiator. Gelbe Form. Tulamben, Bali. Tiefe 14 m. Länge 20 cm. I: Putzerfisch bei der Kiemeninspektion.

Epibulus insidiator. Gelbe Form mit schwarzen Brustflossen. Milne Bay, PNG. Tiefe 12 m. Länge 20 cm.

Epibulus insidiator. Gelbe Formen. M: Qld., Australia. T. 8 m. L. 20 cm. N: Ägypten, Rotes Meer. T. 10 m. L. 20 cm.

Gattung Pteragogus Peters, 1855

Maskulin. Typus-Art: *Cossyphus opercularis* Peters, 1855 (= *Pteragogus pelycus* Randall, 1981). Eine kleine indopazifische Gattung mit etwa zehn Arten, von denen einige unbeschrieben sind.

1 *Pteragogus aurigarius* (Richardson, 1845) – Malachit-Lippfisch (S. 58)
2 *Pteragogus cryptus* Randall, 1981 – Scheuer Zwerglippfisch (S. 55)
3 *Pteragogus* cf. *cryptus* (1) – Pazifischer Zwerglippfisch (S. 56)
4 *Pteragogus* cf. *cryptus* (2) – Indischer Zwerglippfisch (S. 56)
5 *Pteragogus enneacanthus* (Bleeker, 1853) – Neunstachliger Lippfisch (S. 57)
6 *Pteragogus flagellifer* (Valenciennes, 1839) – Hahnenkamm-Zwerglippfisch (S. 55)
7 *Pteragogus guttatus* (Fowler & Bean, 1928) – Flossenstreifen-Zwerglippfisch (S. 58)
8 *Pteragogus pelycus* Randall, 1981 – Seegras-Zwerglippfisch (siehe unten)
9 *Pteragogus taeniops* (Peters, 1855) – Wangenstreifen-Zwerglippfisch (S. 57)
10 *Pteragogus* sp. (1) Lembeh-Zwerglippfisch (S. 55)

Die meisten Arten dieser Gattung sind sehr scheu und leben versteckt. Sie sind in ihrem Lebensraum gut getarnt und können ihre Färbung sehr schnell verändern. Nur wenige Arten zeigen einen Sexualdimorphismus; die Männchen sind farbenprächtiger ober besitzen ausgezogene Filamente an bestimmten Flossenstrahlen. Von Tauchern werden die Fische gelegentlich beobachtet, wenn sie von einem Versteck zum anderen schwimmen oder sich zwischen Weichkorallen und Algen bewegen. Die wenigen im Aquarium gepflegten Arten gewöhnen sich schnell an ihre neue Umgebung. Kleine Exemplare eignen sich gut für das Wirbellosenaquarium. Nach anfänglicher Scheu werden sie bald recht zutraulich.

A

Pteragogus pelycus. Mauritius. Tiefe 20 m. Länge 10 cm (Jerry Allen).

Seegras-Zwerglippfisch – P. pelycus

Cossyphus opercularis Peters, 1855. Mozambique. Der Name war bereits vergeben.
Pteragogus pelycus Randall, 1981. Ersatzname.

Westlicher Indischer Ozean und Rotes Meer. Bei den Tieren des Roten Meeres scheint es sich jedoch um eine bisher unbeschriebene Art zu handeln. In geschützten Buchten, vor allem zwischen Seegräsern und starkem Algenbewuchs bis in etwa 20 m Tiefe. Lebt versteckt in kleinen Gruppen. Manchmal taucht ein Fisch über dem Seegras auf, um die Umgebung zu überprüfen. Am falschen Augenfleck am Ende des Kiemendeckels zu erkennen. Länge bis zu 15 cm.

B

C

Pteragogus cf. *pelycus.* Ägypten, Rotes Meer. Tiefe 5 m. Länge 12–15 cm.

Hahnenkamm-Zwerglippfisch – P. flagellifer

Ctenolabrus flagellifer Valenciennes, 1839. Kein Ort.

Im Indopazifik weit verbreitet. In geschützten Buchten zwischen Geröll und Algen, *Sargassum* und Seegräsern. Meist in wenigen Metern Tiefe. Die Färbung variiert von Grün zu Hellbraun. Erwachsene Tiere besitzen ausgezogene Flossenstrahlen in Rücken- und Afterflosse. Bis 14 cm.

Pteragogus flagellifer. WA. A: Weibchen. Monte Bellos. Tiefe 3 m. Länge 9 cm. B: Männchen. Pt. Gregory. Tiefe 4 m. Länge 14 cm (Barry Hutchins).

Lembeh-Zwerglippfisch – Pteragogus sp. (1)

Unbeschriebene Art.

Nur vom nördlichen und östlichen Sulawesi bekannt. In der Straße von Lembeh besteht der Lebensraum aus einer geschützten Bucht mit schlammigen Abhängen, in der verschiedene Wirbellose zwischen dem Geröll wachsen. Erwachene Tiere hochrückig mit rotem Streifen unter dem Auge. Zehn Hartstrahlen in der Rückenflosse; jedoch keine verlängerten Flossenstrahlen. Rot geränderter, gelb gerahmter Ocellus auf dem Kiemendeckel. Bis etwa 8 cm.

Pteragogus sp. (1). Sulawesi, Indonesien. Tiefe 24 m. Länge 8 cm.

Pteragogus sp. (1). Sulawesi, Indonesien. T. 8 m. Länge 35 mm.

Pteragogus sp. (1). Sulawesi, Indonesien. Tiefe 8 m. Länge 55 mm.

Scheuer Zwerglippfisch – Pteragogus cryptus

Pteragogus cryptus Randall, 1981. Rotes Meer.

Wird als im Indopazifik weit verbreitet betrachtet; die eigentliche Art kann jedoch auf das Rote Meer beschränkt sein. Geschützte Innenriffe und Flussmündungen mit Weichkorallen-Kolonien oder Algen. Zehn Hartstrahlen in der Rückenflosse. Klare vertikale oder horizontale Streifen fehlen. Gelb oder weiß gerandeter Ocellus auf dem Kiemendeckel, der bei großen Tieren länglich ist. Die ersten drei Hartstrahlen der Rückenflosse sind bei erwachsenen Tieren verlängert. Länge bis etwa 85 mm.

Pteragogus cryptus. Ägypten, Rotes Meer. Tiefe 5 m. Länge 8 cm.

Pazifischer Zwerglippfisch – P. cf. cryptus (1)

Im westlichen Pazifik bis nach Bali weit verbreitet. Geschützte Küsten- oder Außenriff-Lebensräume mit dichtem Weichkorallenbewuchs. Zehn Rückenflossen-Hartstrahlen. Klare Streifenzeichnung fehlt; es ist jedoch meistens eine weiße Linie vorhanden, die vom Maul über das Auge bis zum Ende des Kiemendeckels verläuft. Ein gelb oder rosa gerandeter Ocellus auf dem Kiemendeckel verkleinert sich oder verblasst bei großen Tieren. Die ersten drei Hartstrahlen der Rückenflosse sind bei erwachsenen Tieren verlängert. Länge bis etwa 9 cm.

Pteragogus cf. *cryptus* (1). Sangihe I., Indonesien. T. 12 m. L. 9 cm.

Pteragogus cf. *cryptus* (1). Bali, Indonesien. Tiefe 7 m. Länge 8 cm.

Pteragogus cf. *cryptus* (1). Flores, Indonesien. T. 8 m. L. 75 mm.

Indischer Zwerglippfisch – P. cf. cryptus (2)

Im Indik bis nach Bali weit verbreitet. Geschützte Küsten- bis Außenriff-Lebensräume mit Korallen, meist Hirschgeweihkorallen-Geröll mit Algenbewuchs. Zehn Rückenflossen-Hartstrahlen. Schuppen meist mit hellen Rändern. Weiße Linie von der Schnauze über das Auge zum Hinterrand des Kiemendeckels und über den Körper. Blasser, gelb gerandeter Ocellus auf dem Kiemendeckel. Erste drei Rückenflossenstrahlen bei Erwachsenen verlängert. Etwa 65 mm.

Pteragogus cf. *cryptus* (2). A und C: Pulau Putri. Tiefe 10 m. Länge 65 mm.

Pteragogus cf. *cryptus* (2). Rowley Shoals, WA. T. 10 m. L. 65 mm.

Neunstachliger Lippfisch – P. enneacanthus

Crenilabrus enneacanthus Bleeker, 1853. Ambon.

Im West-Pazifik weit verbreitet. Geschützte Riffdächer mit den nesselnden *Aglaophenia*, in denen die Fische Schutz suchen. Sie verlassen ihre Deckung nur, um zu einer anderen Hydrozoen-Kolonie zu wechseln, beobachten aber vorher die Umgebung. Kann von anderen Arten anhand der Längsstreifen unterschieden werden. Im Gegensatz zu ähnlichen Arten nur neun Hartstrahlen in der Rückenflosse. Oft ist es auf Fotos möglich, die Flossenstrahlen zu zählen. Länge bis zu 15 cm.

A

Pteragogus enneacanthus. Maumere, Flores. Tiefe 8 m. Länge 14 cm.

B

Pteragogus enneacanthus. Sangihe Isl. T. 5 m. L. 10 cm.

C

Pteragogus enneacanthus. Solitary Isl., NSW. T. 18 m. L. 10 cm.

D

E

Pteragogus enneacanthus. Sydney Harbour, Australien. Tiefe 5 m. D: Länge 35 mm. E: Länge 35 mm.

Wangenstreifen-Zwerglippfisch – P. taeniops

Cossyphus taeniops Peters, 1855. Mozambique.

Wenig bekannte Art aus Ost-Afrika; gefunden bei Inhaca, Mozambique, Zanzibar und kürzlich bei Aliwal Shoal vor Süd-Afrika. Soll in geschützten, verkrauteten Lebensräumen vorkommen. Fotografiert über einem felsigen Riff mit starkem Algenbewuchs in 15 m Tiefe. Färbung variabel von dunkelbraun bis rot mit einem charakteristischen Streifen auf der Wange. Bauchflosse mit verlängertem ersten Strahl, der oft über den Afterflossenansatz hinausreicht. Länge bis zu 15 cm.

Pteragogus taeniops. Kwazulu-Natal, SA. Tiefe 15 m. Länge 15 cm (Dennis King).

Flossenstreifen-Zwerglippfisch
Pteragogus guttatus

Duymaeria guttatus Fowler & Bean, 1928. Philippinen.

In Indonesien, Malaysia und den Philippinen weit verbreitet, bis hin nach Mikronesien. Geschützte Innenriffe zwischen zerbrochenen Korallen und Schutt. Die Fische werden meistens in weniger als 10 m Tiefe gut versteckt im Riff beobachtet, schwimmen aber manchmal auch zwischen den langstacheligen *Diadema*-Seeigeln oder dicken Algenpolstern umher. Sie sind am besten an den dünnen weißen Streifen auf der Rückenflosse und der oberen Körperseite zu erkennen. Länge bis zu 9 cm.

A *Pteragogus guttatus.* Gilimanuk, Bali. Tiefe 7 m. Länge 8 cm.

B *Pteragogus guttatus.* Pulau Putri, Java. Tiefe 7 m. Länge 9 cm.

C *Pteragogus guttatus.* Mabul, Malaysia. Tiefe 4 m. Länge 5 cm.

Malachit-Lippfisch – Pteragogus aurigarius

Ctenolabrus aurigarius Richardson, 1845. Chin. Meer.
Duymaeria japonica Bleeker, 1856. Nagasaki.

Subtropisches Japan und westliches Chinesisches Meer. Felsige Küstenriffe von flachen Algen- bis hin zu tiefen Schwamm- und Weichkorallen-Lebensräumen. Anders als die Gattungsgenossen schwimmen Erwachsene offen. Große Männchen blau und gelb. Länge bis zu 22 cm.

A

B *Pteragogus aurigarius.* Männchen. Izu, Japan. Tiefe 7–15 m. Länge 22 cm.

C *Pteragogus aurigarius.* Owase, Japan. Tiefe 20 m. Länge 9 cm.

Gattung Cheilinus Lacepède, 1801

Maskulin. Typus-Art: *Cheilinus trilobatus* Lacepède, 1801. Eine indopazifische Gattung mit etwa 20 Arten, von denen einige unbeschrieben zu sein scheinen. Eine Revision der heterogenen Gruppe ist dringend nötig. Kürzlich wurde die Gattung *Oxycheilinus* Gill, 1863 (Typus-Art: *Cheilinus arenatus* Valenciennes, 1840) anerkannt. Allgemein wurden die schlanken *Cheilinus*-Arten in diese Gattung gestellt. Da das nicht bei allen Arten funktioniert, habe ich die Arten vorläufig in zwei Untergattungen eingeordnet, bis die Taxonomie der einzelnen Arten überarbeitet worden ist.

Untergattung *Cheilinus*

1 *Cheilinus* (*C.*) *abudjubbe* Rüppell, 1835 – Abudjubbes Prachtlippfisch (S. 62)
2 *Cheilinus* (*C.*) *bimaculatus* Valenciennes, 1840 – Kleiner Prachtlippfisch (S. 60)
3 *Cheilinus* (*C.*) *chlorourus* (Bloch, 1791) – Schneeflocken-Prachtlippfisch (S. 62)
4 *Cheilinus* (*C.*) *fasciatus* (Bloch, 1791) – Rotbrust-Prachtlippfisch (S. 64)
5 *Cheilinus* (*C.*) *lunulatus* (Forsskål, 1775) – Besenschwanz-Prachtlippfisch (S. 63)
6 *Cheilinus* (*C.*) *oxycephalus* Bleeker, 1853 – Spitzkopf-Prachtlippfisch (S. 61)
7 *Cheilinus* (*C.*) *quinquecinctus* Rüppell, 1835 – Fünfgürtel-Prachtlippfisch (S. 64)
8 *Cheilinus* (*C.*) *trilobatus* Lacepède, 1801 – Dreizack-Prachtlippfisch (S. 63)
9 *Cheilinus* (*C.*) *undulatus* Rüppell, 1835 – Napoleon-Lippfisch (S. 61)

Untergattung *Oxycheilinus*

10 *Cheilinus* (*O.*) *arenatus* Valenciennes, 1840 – Seitenstreifen-Prachtlippfisch (S. 65)
11 *Cheilinus* (*O.*) *celebicus* Bleeker, 1853 – Sulawesi-Prachtlippfisch (S. 66)
12 *Cheilinus* (*O.*) *digramma* (Lacepède, 1801) – Wangenstreifen-Prachtlippfisch (S. 69)
13 *Cheilinus* (*O.*) *mentalis* Rüppell, 1835 – Schlanker Prachtlippfisch (S. 65)
14 *Cheilinus* (*O.*) *orientalis* Günther, 1862 – Schwarzfleck-Prachtlippfisch (S. 71)
15 *Cheilinus* (*O.*) *oxyrhynchus* Bleeker, 1862 – Ohrenfleck-Prachtlippfisch (S. 66)
16 *Cheilinus* (*O.*) *rhodochrous* – Zweistreifen-Prachtlippfisch (S. 67)
17 *Cheilinus* (*O.*) *unifasciatus* Streets, 1877 – Banderolen-Prachtlippfisch (S. 68)
18 *Cheilinus* (*O.*) sp. (1) – Langnasen-Prachtlippfisch (S. 67)
19 *Cheilinus* (*O.*) sp. (2) – Neukaledonischer Prachtlippfisch (S. 70)
20 *Cheilinus* (*O.*) sp. (3) – Schwarzspitzen-Prachtlippfisch (S. 70)

Die Gattung enthält kleine und sehr große Arten, von denen manche sehr versteckt und andere offen leben. Die kleinen Arten und die Jungen der großen besitzen Tarnfarben, oft mit komplizierten Zeichnungsmustern. Kleine Arten findet man meistens zwischen Seegräsern und in Schulen über veralgtem Schutt, wohingegen die größeren auf den Riffdächern und an Abhängen leben. Die Farben hängen vom Lebensraum und vom Alter ab. Viele Männchen zeigen Prachtfärbungen. Alle Arten können leicht gepflegt werden. Die Jungen der großen Arten wachsen jedoch sehr schnell. Sie ernähren sich von Wirbellosen und Fischen. Auch die kleineren Arten können aggressiv sein, so dass sie gut mit Drückerfischen zu vergesellschaften sind.

Vergesellschaftete *Cheilinus orientalis* und *C. bimaculatus*. Kalimantan, Indonesien. Algen- und Geröll-Substrate in 20 m Tiefe.

Kleiner Prachtlippfisch – Cheilinus bimaculatus

Cheilinus bimaculatus Valenciennes, 1840. Hawaii.

Im Indik und westlichen Pazifik weit verbreitet, bis hin zu subtropischen Regionen. Leichte geografische Variationen. Von der Küste bis in Riff-Lagunen, oft in geschützten Flussmündungen und Häfen. Häufig in veralgten Riff-Lebensräumen. Kleine Jungfische verstecken sich zwischen den Algen. Von braun bis gelb oder grün mit verschiedenen Farbtönen und Flecken gefärbt. Große Männchen entwickeln lange Schwanzflossen-Filamente. Ohne diese bis zu 15 cm lang.

A

B

C

C. bimaculatus. A–C: Männchen. Bali, Indonesien. T. 3–15 m. L. etwa 15 cm.

D

Cheilinus bimaculatus. Iriomote, Japan. T. 20 m. L. 85 mm.

E

F

Cheilinus bimaculatus. NSW, Australia. E: Sydney. T. 5 m. L. 14 cm. F: Montague Island, NSW. T. 25 m. L. 75 mm.

G

H

Cheilinus bimaculatus. Sydney, Australien. G: Tiefe 5 m. Länge 12 cm. H: Tiefe 7 m. Länge 55 mm.

I

J

Cheilinus bimaculatus. I: Pulau Weh, Sumatra. T. 15 m. L. 12 cm (Takamasa Tonozuka). J: Malediven. T. 25 m. L. 10 cm.

Spitzkopf-Prachtlippfisch Cheilinus oxycephalus

Cheilinus oxycephalus Bleeker, 1853. Ambon.

Indik und westlicher Pazifik, weit verbreitet. Küsten- und Innenriffe, zwischen Korallen und Algen. Scheu, adult meistens paarweise. Sehr variabel von dunkelgrün bis braunrot. Kopf oft mit kleinen weißen Flecken bedeckt. Hochrückig, Schnauze spitz. Bis 17 cm.

A

Cheilinus oxycephalus. Bali. Tiefe 10 m. Länge 15 cm.

B

Cheilinus oxycephalus. GBR, Australien. T. 12 m. L. 14 cm.

C

Cheilinus oxycephalus. Java. Tiefe 7 m. Länge 12 cm.

D

Cheilinus oxycephalus. Malediven. Tiefe 8 m. Länge 16 cm.

Napoleon-Lippfisch – Cheilinus undulatus

Cheilinus undulatus Rüppell, 1835. Rotes Meer.

Im Indischen Ozean und westlichen Pazifik weit verbreitet. Jungfische versteckt in veralgten Riffen lebend, meist in Lagunen zwischen toten Hirschgeweih-Korallen oder Seegras. Große Adulte entlang von Außenriff-Wänden oder tiefen Abhängen. Gewöhnt sich an Taucher und folgt den vom Fischfang zurückkehrenden Booten. Ältere Tiere entwickeln einen großen Buckel auf der Stirn (A). Größte Art der Gattung. Kann eine Länge von über 2 m erreichen (siehe auch Seite 6).

A

B

Cheilinus undulatus. Rowley Shoals, WA.
Tiefe 5 m. Länge 35 mm.

C

Cheilinus undulatus. A: Singapur, Underwater World. C: Bali. T. 20 m. L. 65 cm.

Abudjubbes Prachtlippfisch
Cheilinus abudjubbe

Cheilinus abudjubbe Rüppell, 1835.
Rotes Meer.

Im Roten Meer endemisch. Nahe verwandt mit *C. chlorourus*. Geschützte Buchten über flachen Riffen, Korallen- und Algen-Lebensräume. Männchen kann man entlang der Riffränder beobachten, während Jungfische und Weibchen eher versteckt leben. Rosa bis rote Streifen um die Augen und zahlreiche rote senkrechte Striche, die in Punkte übergehen. Länge bis 40 cm.

Cheilinus abudjubbe. A–C: Agypten, Rotes Meer. Tiefe 6–12 m. Längen: A männlich 38 cm; B weiblich 35 cm; C juvenil 15 cm.

Schneeflocken-Prachtlippfisch
Cheilinus chlorourus

Cheilinus chlorourus. Großes Männchen. Queensland, Australien. T. 7 m. L. 35 cm.

Sparus chlorourus Bloch, 1791.
Japan und St. Domingo.

Indik und West-Pazifik. Küsten- und Innenriffe, oft in flachen Häfen und Lagunen. Meist bedeckt mit kleinen weißen Punkten, die bei großen Männchen verblassen. Diese entwickeln verlängerte Schwanzflossenlappen. Eine Serie weißer Flecke entlang der Rückenflossenbasis. Oftmals ist der Schwanzflossenansatz weiß. Bis zu 35 cm.

Cheilinus chlorourus. Männchen. Malediven. Tiefe 10 m. Länge 35 cm.

Cheilinus chlorourus. Sulawesi. T. 6 m. L. 15 cm.

Cheilinus chlorourus. Monte Bellos, WA. T. 3 m. L. 25 cm.

Dreizack-Prachtlippfisch
Cheilinus trilobatus

Cheilinus trilobatus Lacepède, 1801. Mauritius.

Im Indik und westlichen Pazifik weit verbreitet. Küsten- und Innenriffe, oft in siltigen Lebensräumen. Flache geschützte Bereiche bis in 10 m Tiefe. Jungfische versteckt zwischen Algen und nesselnden Hydrozoen. Erwachsene an dem vertikalen Linienmuster zu erkennen. Länge bis 40 cm.

A

Cheilinus trilobatus. Java, Indonesien. Tiefe 10 m. Länge 40 cm.

B

Cheilinus trilobatus. Rowley Shoals, WA. T. 8 m. L. 14 cm.

C

Cheilinus trilobatus. Tulamben, Bali. Tiefe 10 m. Länge 25 cm.

Besenschwanz-Prachtlippfisch
Cheilinus lunulatus

Labrus lunulatus Forsskål, 1775. Rotes Meer.

Im Roten Meer endemisch. Nahe verwandt mit *Cheilinus trilobatus* aus dem Indo-Pazifik. In verschiedenen Riff-Lebensräumen bis in etwa 25 m Tiefe. Erwachsene am grünen Kopf zu erkennen sowie der seltsamen „Ohr"-Zeichnung und den verlängerten Schwanzflossenstrahlen. Länge bis zu 45 cm.

A

B

Cheilinus lunulatus. Ägypten, Rotes Meer. T. 6–10 m. A: Männchen in Balzfärbung. Länge 45 cm. B: junges Männchen (Roger Steene).

Rotbrust-Prachtlippfisch
Cheilinus fasciatus

Sparus fasciatus Bloch, 1791. Japan.

Im Indik und westlichen Pazifik weit verbreitet, im Roten Meer jedoch durch *Cheilinus quinquecinctus* ersetzt. Küsten- und Innenriffe. Jungfische häufig auf siltigen Riffen, meist an den Rändern zwischen veralgtem Schutt und Sand. Wegen der senkrechten weißen Streifen werden kleine Jungfische oft für erwachsene *Wetmorella* gehalten. Große Tiere zeigen leuchtendrote Muster, und Männchen besitzen ausgezogene Schwanzflossenlappen. Länge bis zu 35 cm.

A

Cheilinus fasciatus. Flores, Indonesien. Tiefe 20 m. Länge 32 cm.

B

C

Cheilinus fasciatus. Java, Indonesien. B: Tiefe 10 m. Länge 65 mm. C: Tiefe 15 m. Länge 40 mm.

Fünfgürtel-Prachtlippfisch
Cheilinus quinquecinctus

Cheilinus quinquecinctus Rüppell, 1835. Rotes Meer.

Im Roten Meer endemisch. Nahe verwandt mit *Cheilinus fasciatus* aus dem Indopazifik. Lebt in verschiedenen Riffbereichen bis in 25 m Tiefe. Jungfische verbergen sich im Riff. Erwachsene Tiere kann man am roten Bauchbereich erkennen sowie an ihrem Bändermuster und den verlängerten Schwanzflossenstrahlen. Länge bis zu 40 cm.

A

Cheilinus quinquecinctus. Ägypten, Rotes Meer. Tiefe 10 m. Länge 35 cm.

B

C

Cheilinus quinquecinctus. Ägypten, Rotes Meer. B: Tiefe 10 m. Länge 35 cm. C: Tiefe 15 m. Länge 40 cm.

Seitenstreifen-Prachtlippfisch Cheilinus arenatus

Cheilinus arenatus Valenciennes, 1840. Réunion.

Weit verbreitet in Indik und West-Pazifik. Außenriffwände mit reichem Wirbellosen-Bewuchs, wie Gorogonien und Weichkorallen. Mittlere Tiefen von über 20 m. Dunkler Seitenstreifen und Fleck zwischen dem ersten und dritten Rückenflossenstrahl. Bis 15 cm.

A

B

Cheilinus arenatus. Indonesien. A: Bali. Tiefe 45 m. Länge 45 mm. B: Kalimantan. Tiefe 30 m. Länge 15 cm.

Schlanker Prachtlippfisch Cheilinus mentalis

Cheilinus mentalis Rüppell, 1835. Rotes Meer.

Im Roten Meer endemisch. Verschiedene Küsten- bis Außenriff-Lebensräume. Erwachsene hauptsächlich an tiefen Drop-Offs, doch im Innenriff ebenfalls häufig. Schlanke Art. Die Männchen zeigen einen charakteristischen weißen Fleck auf der Seite oberhalb der Brustflossenbasis. Länge bis zu 20 cm.

A

B

C

D

E

C. mentalis. Ägypten, Rotes Meer. A und C: voll ausgefärbte Männchen, etwa 20 cm. B: juvenil, etwa 45 mm. D und E: Weibchen, etwa 16–18 cm.

Cheilinus celebicus. Flores, Indonesien. Tiefe 15 m. Länge 16 cm.

Sulawesi-Prachtlippfisch Cheilinus celebicus

Cheilinus celebicus Bleeker, 1853.
Ujung Padang, südliches Sulawesi.

Offensichtlich auf Flores und die Molukken beschränkt. Bei anderen Funden handelt es sich um *C. oxyrhynchus*. Kann von dieser Art anhand der unterschiedlichen Färbung unterschieden werden. Es fehlen die meisten der Linien unter dem Auge; die Rückenflosse trägt zwei dünne unregelmäßige, rote Streifen (C). An Innenriff-Abhängen mit Stein- und Weichkorallen sowie anderen Wirbellosen. Meist in Tiefen von 10–40 m, gelegentlich im Flachwasser. Länge bis zu 18 cm.

Cheilinus celebicus. Flores, Indonesien. B: voll ausgefärbtes Männchen. Tiefe 15 m. Länge 18 cm. C: Tiefe 25 m. Länge 6 cm.

Cheilinus oxyrhynchus. Voll ausgefärbtes Männchen. Bali, Indonesien. Tiefe 10 m. Länge 20 cm.

Ohrenfleck-Prachtlippfisch Cheilinus oxyrhynchus

Cheilinus oxyrhynchus Bleeker, 1862.
Sulawesi, Ambon und Batjan (Bacan).
Cheilinus hoeveni Bleeker, 1862. Ambon.

West-Pazifik, Japan bis Andamanen-See entlang der Wallace-Linie, nördliche Molukken-See bis Nordost-Australien. Geschützte Küsten- und Innenriffe mit reichem Korallenwuchs. Ähnelt *C. celebicus*, jedoch viele Linien unter dem Auge; puderartiges Muster auf Körperoberseite. Männchen mit weißem „Ohrenfleck“ (bei Weibchen schwach sichtbar) und rotem Randstreifen in Rückenflosse. Bis 20 cm.

Cheilinus oxyrhynchus. Java, Indonesien. B: Tiefe 7 m. Länge 15 cm. C: Tiefe 7 m. Länge 10 cm.

Langnasen-Prachtlippfisch – C. sp. (1)

Eine offensichtlich unbeschriebene Art, die in Indonesien und Neuguinea weit verbreitet ist. Geröllhänge der Küsten- bis Außenriffe mit Algen und Steinkorallen. Besitzt eine lang ausgezogene Schnauze und einen kleinen Ocellus oder schwarzen Fleck auf dem Schwanzstiel. Bis 16 cm.

A *Cheilinus* sp. (1). Java, Indonesien. L. 35 mm.

B *Cheilinus* sp. (1). Flores, Indonesien. Tiefe 20 m. Länge 8 cm.

C *Cheilinus* sp. (1). Milne Bay, PNG. Tiefe 18 m. Länge 16 cm.

D *Cheilinus* sp. (1). Flores, Indonesien. Tiefe 20 m. Länge 14 cm.

Zweistreifen-Prachtlippfisch Cheilinus rhodochrous

Cheilinus rhodochrous
Playfair & Günther, 1867. Zanzibar.

Vorläufige Identifikation. In Indik und westlichem Pazifik weit verbreitet. Küsten- bis Außenriffe. Jungfische häufig in Haarsternen oder Weichkorallen in mittleren Tiefen. Adulte entlang der Riffhänge. Kleine Jungfische mit Ocellus-Reihe entlang der Seitenlinie. Bis 20 cm.

A *Cheilinus rhodochrous.* Flores, Indonesien. Tiefe 10 m. Länge 15 cm.

B *Cheilinus rhodochrous.* Bali. T. 25 m. L. 25 mm.

C *Cheilinus rhodochrous.* Sydney. T. 4 m. L. 45 mm.

D *Cheilinus rhodochrous.* Malediven. Tiefe 20 m. Länge 20 cm.

Banderolen-Prachtlippfisch
Cheilinus unifasciatus

Cheilinus unifasciatus Streets, 1877
Line Islands, Zentral-Pazifik.

Im Indik und West-Pazifik weit verbreitet. Küsten- bis Außenriffe. Jungfische versteckt lebend in Korallen oder Hydrozoen. Erwachsene halten sich meist dicht am Riff. Männchen bewegen sich jedoch über große Strecken, oft hoch über dem Substrat. Sie zeigen ein schneeweißes Band am Schwanzstiel. Länge bis zu 30 cm.

A

Cheilinus unifasciatus. Iriomote, Japan. Tiefe 20 m. Länge 30 cm.

B

Cheilinus unifasciatus. Iriomote, Japan. Tiefe 20 m. Länge 24 cm.

C

Cheilinus unifasciatus. Juvenil. Kochi, Japan. Tiefe 10 m. Länge 6 cm (Tomonori Hirata).

D

Cheilinus unifasciatus. Rowley Shoals, WA. T. 10 m. L. 20 cm.

E

Cheilinus unifasciatus. Juvenil. Kochi, Japan. Tiefe 8 m. Länge 6 cm (Tomonori Hirata).

F

G

Cheilinus unifasciatus. GBR. Australien. F: Weibchen. Länge 16 cm. G: juvenil. Länge 9 cm (Phil Woodhead).

Wangenstreifen-Prachtlippfisch
Cheilinus digramma

Labrus digrammus Lacepède, 1801. Mauritius.

Im Indik und West-Pazifik weit verbreitet. Erwachsene in verschiedenen Küsten- bis Außenrifflebensräumen. Jungfische eher küstennah auf geschützten Riffdächern oder an Abhängen, meist zwischen Weichkorallen oder nesselnden Hydrozoen. Junge grau bis rötlichbraun mit gelblichem Schwanz. Adulte mit verschiedenen leuchtenden Farben. Schwanzflosse bei Weibchen gelb, wird bei Männchen blau. Etwa 35 cm.

A

Cheilinus digramma. Männchen. GBR, Australien. Tiefe 10 m. Länge 34 cm.

B

Cheilinus digramma. Java, Indonesien. Tiefe 6 m. Länge 10 cm.

C

Cheilinus digramma. Männchen. Kerama, Japan. Tiefe 20 m. Länge 30 cm.

D

Cheilinus digramma. Flores, Indonesien. Tiefe 10 m. Länge 12 cm.

E

Cheilinus digramma. Männchen. Kerama, Japan. Tiefe 20 m. Länge 30 cm.

F

Cheilinus digramma. PNG. Tiefe 20 m. Länge 20 cm.

G

Cheilinus digramma. Weibchen. Milne Bay, PNG. Tiefe 10 m. Länge 25 cm.

Neukaledonischer Prachtlippfisch – C. sp. (2)

Unbeschriebene Art.

Bekannt von Neu-Kaledonien und dem östlichen Australien. Das gezeigte Tier wurde im Hafen von Sydney zwischen auf Schutt wachsenden Algen gefangen, einige Meter von einem flachen, felsigen Riff entfernt. Die Färbung ändert sich mit der Stimmung manchmal innerhalb von Sekunden von Rot mit dünnen weißen vertikalen Streifen zu einem Weiß mit rotem Seitenstreifen. Länge bis etwa 10 cm.

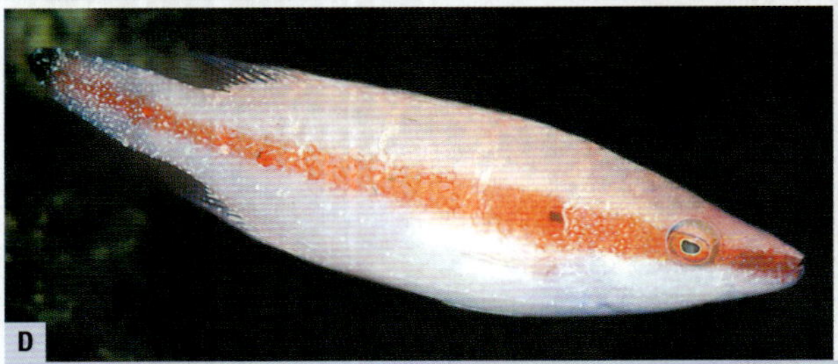

C. sp (2). Sydney, Australien, aus 4 m Tiefe. A–E: gleiches Exemplar, im Aquarium herangewachsen. E: beim Fang 40 mm, später etwa 10 cm.

Cheilinus sp. (2). Sydney, Australien. Gleiches Exemplar wie oben. Die Fähigkeit der Farbveränderung ist beeindruckend.

Schwarzspitzen-Prachtlippfisch – Cheilinus sp. (3)

Unbeschriebene Art.

Kommt in Indonesien vor, ist aber wahrscheinlich weiter verbreitet. An tiefen Abhängen sowie über Sandflächen in Riffnähe. Meist in kleinen Gruppen zwischen lockeren Riff- und Algenbereichen. Bei natürlichem Licht bilden die roten und schwarzen Streifen auf der Schwanzflosse einen schwarzen Fleck, wenn die Flosse geschlossen ist. Länge bis etwa 10 cm.

A

B

C

Cheilinus sp. (3). Indonesien. Tiefe 12–15 m. A: Lembeh Strait. Länge 10 cm. B: Java. Länge 85 mm. C: Java. Länge 40 mm.

Schwarzfleck-Prachtlippfisch – C. orientalis

Cheilinus orientalis Günther, 1862.
Basiert auf Bleekers *C. coccineus* von Bacan (Batjan).

Nord-Indonesien bis Süd-Japan. Männchen meist mit schwarzem Fleck zwischen Rückenflossenansatz und Seitenlinie. Weibchen in kleinen Gruppen über tiefen Sandflächen mit Riffstrukturen aus Geröll und Algen. Oft zusammen mit anderen kleinen Lippfischen. Etwa 12 cm.

A

Cheilinus orientalis. Kochi, Japan. T. 25 m. L. 3 cm (T. Hirata).

B

Cheilinus orientalis. Kalimantan, Indonesien. T. 20 m. L. 8 cm.

C

Cheilinus orientalis. Kochi, Japan. T. 40 m. L. 4 cm (T. Hirata).

D

Cheilinus orientalis. Okinawa, Japan. T. 35 m. L. bis 10 cm (Shinya Inoue).

Unterfamilie Cheilionae – Gattung Cheilio Lacepède, 1802

Maskulin. Typus-Art: *Cheilio auratus* Lacepède, 1802 (= *Labrus inermis* Forsskål, 1775). Nur eine Art; die Rot-Meer-Population zeigt eine abweichende Färbung. Andere Formen könnten Unterarten darstellen.

A

Zigarrenlippfisch – Cheilio inermis

Labrus inermis Forsskål, 1775. Rotes Meer.

Indik und West-Pazifik bis in subtropische Gewässer. Mit Seegras bewachsene Flussmündungen und Lagunen sowie auf Riffdächern mit Weichkorallen. Jungfische versteckt zwischen Seegras und *Sargassum*. Adulte in lockeren Gruppen, beim Laichen auch in großen Schulen. Grün bis gelb oder braun. Rot-Meer-Männchen mit schwarzem Schwanz. Bis 50 cm.

B

C

D

Cheilio inermis. Agypten, Rotes Meer. Tiefe 20 m. A und B: Weibchen, 35–40 cm lang. C und D: Männchen, 40 cm lang.

E

Cheilio inermis. Männchen neben *Parupeneus heptacanthus*. Milne Bay, PNG. Tiefe 8 m. Länge 40 cm.

F

Cheilio inermis. Flores, Indonesien. Tiefe 6 m. Länge 20 cm.

G

Cheilio inermis. Sydney Harbour, Australien. T. 3 m. L. 15 cm.

Unterfamilie Julininae – Pseudolabrus-Verwandte

Pseudolabrus 74

Notolabrus 81

Pictilabrus 88

Eupetrichthys 91

Austrolabrus 92

Dotalabrus 93

Unterfamilie Julininae – Gattung Suezichthys

Suezichthys (Nelabrichthys) 95

Suezichthys (Suezichthys) 99

Gattung Pseudolabrus Bleeker, 1862

Maskulin. Typus-Art: *Labrus rubiginosus* Temminck & Schlegel, 1845. Diese Art ist nun als *Pseudolabrus sieboldi* vor kurzem neu beschrieben worden, als die ostasiatischen Arten 1997 von Kohji Mabuchi und Tetsuji Nakabo revidiert wurden. Eine kleine indopazifische Gattung mit elf Arten, von denen zwei in der nördlichen und neun in der südlichen Hemisphäre vorkommen.

1 *Pseudolabrus biserialis* (Klunzinger, 1879) – Weißband-Lippfisch (S. 79)
2 *Pseudolabrus eoethinus* (Richardson, 1846) – Kanton-Lippfisch (S. 77)
3 *Pseudolabrus fuentesi* (Regan, 1913) – Fuentes' Lippfisch (nicht abgebildet)
4 *Pseudolabrus gayi* (Valenciennes, 1839) – Gays Lippfisch (nicht abgebildet)
5 *Pseudolabrus guentheri* Bleeker, 1862 – Günthers Lippfisch (S. 75)
6 *Pseudolabrus luculentus* (Richardson, 1848) – Gold-Lippfisch (S. 78)
7 *Pseudolabrus miles* (Bloch & Schneider, 1801) – Weißkiemen-Lippfisch (S. 79)
8 *Pseudolabrus psittaculus* (Richardson, 1840) – Rosen-Lippfisch (S. 80)
9 *Pseudolabrus semifasciatus* (Rendahl, 1921) – Sattel-Lippfisch (diese Seite)
10 *Pseudolabrus sieboldi* Mabuchi & Nakabo, 1997 – Siebolds Lippfisch (S. 76)
11 *Pseudolabrus torotai* Russell & Randall, 1981 – Rapa-Lippfisch (nicht abgebildet)

Pseudolabrus semifasciatus im Aquarium. Länge etwa 23 cm (Kiyoshi Endoh). Eine wenig bekannte Art von der Osterinsel. Sie lebt an felsigen Riffen, und ein Exemplar soll sogar in 250 m Tiefe gefangen worden sein. Länge bis 25 cm. Eine ähnliche Art, *P. torotai*, besitzt schwarze Streifen anstelle der Sattelzeichnung und kommt bei der Insel Rapa vor. Nur wenige Exemplare beider Arten sind bekannt geworden. Möglicherweise handelt es sich bei *P. torotai* nur um eine Variante des Weibchens.

Die Arten kommen in subtropischen bis gemäßigten Bereichen von 20° nördlich und südlich des Äquators bis etwa 35° im Norden und 40° im Süden vor, eine Art bis fast 50° bei Neuseeland. Die eher tropischen Arten können etwa 20 cm Länge erreichen, in kühleren Gewässern 30 cm. Sie besitzen große Zykloid-Schuppen auf dem Körper, die entlang der Rücken- und Afterflossenbasis sehr schmal werden. Die meisten Arten leben auf flachen, mit Algen bewachsenen Felsenriffen, doch manche kommen in mehr als 100 m Tiefe vor. Kleine Jungfische leben versteckt zwischen den Algen und sind gut getarnt. Erwachsene schwimmen offen in kleinen, lockeren Gruppen, die aus Jungfischen und Weibchen bestehen und von einem großen Männchen dominiert werden. Bei Verlust des Männchens vollzieht das größte Weibchen eine Geschlechtsumwandlung. Alle Arten lassen sich gut im Aquarium pflegen, verlangen jedoch viel Platz und eine Einrichtung mit vielen Steinen. Das Futter sollte aus einer Mischung tierischer Produkte bestehen; große Tiere vergreifen sich an kleineren Fischen. Viele Arten ernähren sich von kleinen Mollusken oder Würmern. Wegen des Territorialverhaltens sollte man alle Tiere auf einmal einsetzen, am besten eine Gruppe von Jungfischen.

Günthers Lippfisch – P. guentheri

Pseudolabrus Güntheri Bleeker, 1862. Australien.

Nur an der Ostküste Australiens vom südlichen Queensland bis zum südlichen New South Wales. Eine verbreitete Art in der Gegend von Sydney. In Buchten und Küstengewässern auf Felsenriffen mit gutem Algenbewuchs. Von orangebraun bis grün mit einem Streifenmuster, das bei beiden Geschlechtern ähnlich ist. Länge bis zu 18 cm.

A

Pseudolabrus guentheri. Hafen von Sydney, Australien. Tiefe 5 m. Länge 18 cm.

B

C

Pseudolabrus guentheri. B: Sydney, Australien. Tiefe 7 m. Länge 6 cm. C: Montague Island, Australien. Tiefe 25 m. Länge 18 cm.

D

E

Pseudolabrus guentheri. Sydney , Australien. D: Tiefe 15 m. Länge 12 cm. E: Tiefe 5 m. Länge 16 cm.

F

Pseudolabrus guentheri. Sydney , Australien. Tiefe 3 m. Länge 16 cm.

A

Pseudolabrus sieboldi. Männchen, Länge etwa 15 cm. Owase, Japan.

Siebolds Lippfisch – P. sieboldi

Pseudolabrus sieboldi Mabuchi & Nakabo, 1997. Ehime Präfektur, Japan.

An der Küste des südlichen Japans und Taiwan. Nach den genannten Autoren am häufigsten an den Küsten der japanischen See; bewohnt felsige Riffe in weniger als 100 m Tiefe. Bei Osezaki wurden kleine, lockere Gruppen von Halbwüchsigen und einzelne Jungfische beobachtet. Bis zu 20 cm.

C

Pseudolabrus sieboldi. Kochi. T. 20 m. L. 2 cm (T. Hirata).

B

D

Pseudolabrus sieboldi. B: Izu Oceanic Park, Japan. Tiefe 15 m. Länge 12 cm. D: Owase, Japan. Tiefe 7 m. Länge 75 mm.

E

F

Pseudolabrus sieboldi. E: Weibchen. Kochi, Japan. Tiefe 5 m. Länge 10 cm (Tomonori Hirata). F: Osezaki, Japan. Tiefe 6 m. Länge 11 cm.

G

Pseudolabrus sieboldi. Osezaki, Japan. Tiefe 12 m. Länge 18 cm.

Kanton-Lippfisch – P. eoethinus

Labrus eöthinus Richardson, 1846. Canton, China.

Pazifikküste und südliches Japan bis zu den Ogasawara-Inseln und der chinesischen Küste. Auf flachen Felsen- und Korallenriffen bis in etwa 30 m Tiefe. Von rotbraun bis gelb gefärbt. Weiße Flecke wie bei *Pseudolabrus sieboldi* fehlen. Beide Arten sind bis zur Revision von Mabuchi und Nakabo als *P. japonicus* bezeichnet worden. Länge bis 23 cm.

A

P. eoethinus. Weibchen. Kochi, Japan. Tiefe 2 m. Länge 16 cm (Tomonori Hirata).

B

P. eoethinus. Ehime. T. 8 m. L. 15 mm (T. Hirata).

C

P. eoethinus. Kochi. T. 8 m. L. 10 cm (T. Hirata).

D

P. eoethinus. Männchen. Ehime, Japan. Tiefe 3 m. Länge 18 cm (Tomonori Hirata).

E

F

Pseudolabrus eoethinus. E: Weibchen. Owase, Japan. Tiefe 15 m. Länge 16 cm. F: Kochi, Japan. Tiefe 8 m. Länge 20 cm (Tomonori Hirata).

G

Pseudolabrus eoethinus. Balzfärbung, Männchen. Izu Oceanic Park, Japan. Tiefe 12 m. Länge 22 cm.

A

Pseudolabrus luculentus. Weibchen. Montague I., Australien. T. 25 m. L. 16 cm.

Gold-Lippfisch – Pseudolabrus luculentus

Labrus luculentus Richardson, 1848. Australien.

Ost-Australien bis Norfolk Island und Inseln im Nordosten Neuseelands. Klare Küstengewässer auf Felsenriffen bis mindestens 50 m Tiefe. Meist einzeln; oft mehrere Tiere über einen großen Riffbereich verteilt. Weibchen braun bis orange mit dünnen weißen Diagonal-Linien am Bauch. Männchen mit weißen und schwarzen Flecken an der Rückenflossenbasis. Länge bis 20 cm.

C

Pseudolabrus luculentus. Sydney, Australien. T. 5 m. L. 55 mm.

B

D

Pseudolabrus luculentus. B: Bermagui, Australien. Tiefe 20 m. Länge 18 cm. D: Sydney, Australien. Tiefe 7 m. Länge 85 mm.

E

F

Pseudolabrus luculentus. E: Männchen. Sydney, Australien. Tiefe 5 m. Länge 16 cm. F: Männchen. Bermagui, Australien. Tiefe 17 m. Länge 20 cm.

G

Pseudolabrus luculentus. Männchen. Bermagui, Australien. Tiefe 20 m. Länge 19 cm.

Weißband-Lippfisch – P. biserialis

Labrichthys biserialis Klunzinger, 1879.
King Georges Sound, West-Australien.

Nur im Südwesten Australiens. Felsenriffe in Küstennähe mit gutem Algenbewuchs in bis etwa 20 m Tiefe. An der Färbung leicht zu erkennen. Männchen mit roter Afterflosse. Bis zu 21 cm.

Pseudolabrus biserialis. A: King Georges Sound, WA. Tiefe 2 m. Länge 10 cm. B: Männchen. Esperance. WA. Tiefe 5 m. Länge 20 cm.

Pseudolabrus biserialis. C: Canal Rocks, WA. Tiefe 7 m. Länge 10 cm. D: Weibchen. Busselton. WA. Tiefe 4 m. Länge 16 cm.

Weißkiemen-Lippfisch – P. miles

Labrus miles Bloch & Schneider, 1801. Neuseeland.

Nur aus der Region Neuseelands bekannt, wo die Art sehr verbreitet ist und weit bis in den Süden vorkommt. Auf Riffen mit Felsblöcken in bis zu 40 m Tiefe. Leicht an der schwarzen Schwanzflossenbasis zu erkennen. Größte Art der Gattung. Länge bis zu 40 cm.

Pseudolabrus miles. Napier Aquarium, Neuseeland, Länge 35 cm.

Pseudolabrus miles. Männchen. Napier Aquarium, Neuseeland, Länge 35 cm.

Rosen-Lippfisch – Pseudolabrus psittaculus

Labrus psittaculus Richardson, 1840. Tasmanien.
Labrichthys Mortoni Johnston, 1885. Tasmanien.

Nur aus Südost-Australien, im Westen bis Südaustralien und Tasmanien bekannt. Erwachsene meistens in offenen Küstenriffen in mittleren Tiefen von über 20 m, doch Jungfische können auch in Buchten im Flachwasser leben. Jungfische mit schwarzem, beidseitig weiß abgegrenztem Fleck am Rücken vor dem Schwanzstiel. Männchen mit gelben Längsstreifen auf der unteren

A

Pseudolabrus psittaculus. Männchen. Bicheno, Tasmanien. Tiefe 35 m. Länge 23 cm.

B

C

Pseudolabrus psittaculus. Melbourne, Australien. B: Tiefe 10 m. Länge 16 cm. C: Tiefe 7 m. Länge 75 mm.

D

E

Pseudolabrus psittaculus. B: Melbourne, Australien. Tiefe 10 m. Länge 14 cm. C: Bermagui, NSW. Tiefe 25 m. Länge 15 cm.

F

Pseudolabrus psittaculus. Männchen. Derwent River, Tasmanien. Tiefe 15 m. Länge 23 cm.

Gattung Notolabrus Russell, 1988

Maskulin. Typus-Art: *Labrus fucicola* Richardson, 1840. Kleine Gattung aus Australien und Neuseeland mit sieben Arten, die vor der 1988 erschienenen Arbeit von Russell zur Gattung *Pseudolabrus* gerechnet wurden.

1 *Notolabrus celidotus* (Bloch & Schneider, 1801) – Flecken-Lippfisch (S. 87)
2 *Notolabrus cinctus* (Hutton, 1877) – Gürtel-Lippfisch (S. 87)
3 *Notolabrus fucicola* (Richardson, 1840) – Schornsteinfeger-Lippfisch (S. 82)
4 *Notolabrus gymnogenis* (Günther, 1862) – Rotband-Lippfisch (S. 85)
5 *Notolabrus inscriptus* (Richardson, 1848) – Pailletten-Lippfisch (S. 86)
6 *Notolabrus parilus* (Richardson, 1850) – Orangeflecken-Lippfisch (S. 84)
7 *Notolabrus tetricus* (Richardson, 1840) – Weißbinden-Lippfisch (S. 83)

Pseudolabrus gymnogenus. Männchen, Länge etwa 40 cm. Sydney, Australien.

Die verschiedenen Arten sind über subtropische bis gemäßigte Zonen in Australien und Neuseeland verteilt, eine bis nach Queensland. Eine Art findet man in West-Australien, drei sind endemisch in Australien und zwei in Neuseeland, während weitere zwei in beiden Regionen vorkommen. *Notolabrus* unterscheidet sich von Pseudolabrus durch eine Reihe von Eigenschaften, von denen manche nicht offensichtlich sind und andere sich nur auf Skelett oder Zähne beziehen. Die meisten Arten werden recht groß und erreichen 60 cm Länge. Die Männchen unterscheiden sich mit ihrer oft recht kräftigen Färbung von den Weibchen. Die Fische lassen sich zwar recht leicht im Aquarium pflegen – Voraussetzung ist jedoch ein Becken entsprechender Größe. Erwachsene Tiere sind in öffentlichen Schauaquarien am besten aufgehoben. Die Tiere fressen eine Vielzahl von Wirbellosen, wobei manche Mollusken und andere Krebstiere bevorzugen. Einige Arten folgen auch großen Rochen und versuchen, die von ihnen aufgewühlten Krabben oder Würmer zu erbeuten.

Die meisten Arten sind in felsigen Küstenbereichen häufig und stellen hier oft die dominante Art. Einige bevorzugen Brandungszonen mit Kelp-Wäldern und schwimmen gerade unterhalb des schäumenden Wassers. Erwachsene Tiere schwimmen im Riff weite Strecken und suchen auch große Tiefen auf. Einige werden im Allgemeinen bei 40 m Tiefe beobachtet, tauchen aber auch in Fängen aus über 150 m Tiefe auf. Jungfische findet man eher in kleinen Gruppen im Flachwasser ruhigerer Buchten zwischen Algen und Seegras. Manchmal werden Bastarde gezeugt, wenn zwei Arten sich am gleichen Ort paaren und sich ihre im Wasser treibenden Geschlechtszellen vermischen.

Schornsteinfeger-Lippfisch – N. fucicola

Labrus fucicola Richardson, 1840. Tasmanien.

Südost-Australien und Neuseeland. Hauptsächlich auf mit Kelp bewachsenen Riffen, oft in flachen turbulenten Bereichen, doch auch in küstenfernen Riffen in Tiefen bis zu 90 m. Kleine Jungfische in Felsenbecken an der Küste oder Flussmündungen. Männchen mit cremefarbenen bis gelben Flecken auf dem Rücken. Weibchen und Jungfische meist grün bis braun mit dunklen Bändern. Bis 45 cm.

A

Notolabrus fucicola. Männchen. Montague Island, NSW. Tiefe 2 m. Länge 40 cm.

C

N. fucicola. Flinders, Vic. Rockpool. Länge 15 mm.

B

D

Notolabrus fucicola. B: Montague Island, NSW. Tiefe 2 m. Länge 40 cm. D: Kent-group Bass Strait. Tiefe 25 m. Länge 15 cm.

E

Notolabrus fucicola. Weibchen. Montague Island, NSW. Tiefe 2 m. Länge 30–35 cm.

F

G

Hybriden. *Notolabrus fucicola* x *N. tetricus.* F: Bicheno, Tasmanien. Tiefe 30 m. Länge 45 cm. G: Bermagui, NSW. Tiefe 25 m. Länge 50 cm.

Weißbinden-Lippfisch – N. tetricus

Labrus tetricus Richardson, 1840. Tasmanien.

Weit verbreitet in Südost-Australien vom südlichen Tasmanien bis New South Wales und Süd-Australien. Erwachsene hauptsächlich auf Küstenriffen und felsigen Küsten von mittleren Tiefen bis zu 40 m. Soll auch in 160 m Tiefe vorkommen. Jungfische meistens auf veralgten Riffen in Flussmündungen. Männchen vor allem an dem breiten weißen Band zu erkennen. Jungfische leuchtend grün bis braun oder grau mit Bänderung. Halbwüchsige zeigen in Körpermitte ein dunkles Band. Bis 60 cm.

Notolabrus tetricus. Männchen. Melbourne, Victoria. Tiefe 10 m. Länge 50 cm.

Notolabrus tetricus. B: juvenil. Melbourne, Victoria. Tiefe 4 m. Länge 65 mm. C: Weibchen. Kangaroo Island, S-A. Tiefe 5 m. Länge 45 cm.

Notolabrus tetricus. Melbourne, Victoria. B: juvenil. Tiefe 3 m. Länge 45 mm. C: Weibchen. Tiefe 5 m. Länge 30 cm.

Notolabrus tetricus. Männchen. Kangaroo Island, S-A. Tiefe 5 m. Länge 55 cm.

Orangeflecken-Lippfisch – N. parilus

Tautoga parila Richardson, 1850. West-Australien.

Im südwestlichen Australien weit verbreitet, im Norden bis zur Shark Bay und im Osten bis Kangaroo Island. Einzeltiere können Victoria erreichen. In flachem Wasser mit Algen und Schwämmen in Buchten von Küsten und Inseln. Jungtiere braun oder grün mit unscharfen dunklen Bändern; orangefarbige Flecke in den blassen Bereichen des Rückens. Große Adulte mit kleinen orangefarbigen Flecken, Männchen mit blassem Längsstreifen. Länge bis zu 35 cm.

A

Notolabrus parilus. Männchen. Recherche Archipelago, W-A. Tiefe 4 m. Länge 35 cm.

B

C

Notolabrus parilus. B: Kangaroo Island, SA. Tiefe 20 m. Länge 20 cm. C: Carnac Island, WA. Tiefe 5 m. Länge 25 cm.

D

E

Notolabrus parilus. Recherche Archipelago, WA. D: Tiefe 15 m. Länge 30 cm. E: Tiefe 5 m. Länge 25 cm.

F

Notolabrus parilus. Männchen. Recherche Archipelago, WA. Tiefe 4 m. Länge 35 cm.

Rotband-Lippfisch – Notolabrus gymnogenis

Labrichthys gymnogenis Günther, 1862. Sydney.

An der Küste von New South Wales weit verbreitet, kommt bis nach Queensland und Nord-Victoria vor. Wenige Exemplare bei Lord Howe Island. Auf felsigen Riffen mit schwachem Algenbewuchs bis in mittlere Tiefen, wo Schwämme vorherrschen. Jungtiere und Weibchen grünlichgrau bis braun. Weibchen in tiefem Wasser stärker rot gefärbt. Männchen besitzen gelbe Brust- und leuchtend rote Rücken- und Afterflossen. Länge bis zu 40 cm.

Notolabrus gymnogenis. Männchen. Bermagui, NSW. Tiefe 20 m. Länge 40 cm.

Notolabrus gymnogenis. Sydney, NSW. B: juvenil. Tiefe 4 m. Länge 14 cm. C: Geschlechtswechsel. Tiefe 12 m. Länge 35 cm.

Notolabrus gymnogenis. Montague Island, NSW. D: Weibchen. Tiefe 25 m. Länge 24 cm. E: Weibchen. Tiefe 12 m. Länge 35 cm.

Notolabrus gymnogenis. Männchen. Montague Island, NSW. Tiefe 24 m. Länge 40 cm.

Pailletten-Lippfisch – N. inscriptus

Labrus inscriptus, Tautoga inscriptus Richardson, 1848. Norfolk Island.

Vom nordöstlichen Neuseeland bis zu den Kermadec-, Norfolk- und Lord-Howe-Inseln, seltener in New South Wales. Vor allem auf mit Kelp bewachsenen Felsenriffen bis hin zum Schwammbereich in 25 m Tiefe. Jungtiere grün bis braun mit blassen dünnen Linien entlang der Schuppenreihen. Männchen dunkelgrün bis graublau mit kleinen gelben Punkten. Bis 36 cm.

A

Notolabrus inscriptus. Weibchen. Bermagui, NSW. Tiefe 24 m. Länge 25 cm.

C

B

D

Notolabrus inscriptus. B: Napier Aquarium, NZ. Länge 30 cm. C und D: Baraga Bay, NSW. Tiefe 5 m. Länge 12 cm.

E

Notolabrus inscriptus. Großes Männchen. Ned's Beach, Lord Howe Island. Tiefe 10 m (Malcolm Francis).

Flecken-Lippfisch – N. celidotus

Labrus celidotus Bloch & Schneider, 1801. Neuseeland.

In den Küstengewässern Neuseelands, oft auf küstennahen Felsenriffen. Meist in geschützteren Bereichen und Flussmündungen, wo die Weibchen Gruppen bilden. Im Flachwasser bis 10 m Tiefe, aber auch schon in 145 m Tiefe gefangen worden. Jungfische entsprechend der Algenfarbe der Gegend grün bis braun mit großem dunklem Fleck, den auch die Weibchen zeigen. Männchen mit höher platzierten kleineren Flecken. Bis 30 cm.

A

N. celidotus. Ungewöhnlich gefärbtes Männchen. Napier Aquarium, Neuseeland. L. 27 cm.

B

C

Notolabrus celidotus. Napier Aquarium, Neuseeland. B: Weibchen-Färbung. Länge 16 cm. C: Männchen. Länge 24 cm.

Gürtel-Lippfisch – Notolabrus cinctus

Labrichthys cincta Hutton, 1877. Neuseeland.

Nur aus der Gegend von Neuseeland bekannt; weit verbreitet, doch häufiger im südlichen Bereich. Bis zu subantarktischen Inseln. Meist in mittleren Tiefen bis 40 m Tiefe, aber auch schon auf 100 m Tiefe gefunden worden. Erwachsene grau mit hellen Schuppenzentren und einem dunklen Band in Körpermitte. Geschlechter gleich gefärbt. Jungfische ähnlich, doch an die Algenfarben angepasst und ohne den dunklen Streifen. Länge bis zu 41 cm.

A

Notolabrus cinctus. Secretary Island, Neuseeland (Malcolm Francis).

B

Notolabrus cinctus. George Sd., Neuseeland. (Malcolm Francis).

C

Notolabrus cinctus. Pukeokaoka Island, Neuseeland (Malcolm Francis).

Gattung Pictilabrus Gill, 1892

Maskulin. Typus-Art: *Labrus laticlavius* Richardson, 1839. Kleine australische Gattung mit drei Arten, von denen eine von Hutchins & Morrison, 1996, nur vorläufig aufgenommen wurde.

1 *Pictilabrus brauni* Hutchins & Morrison, 1996 – Brauns Papageien-Lippfisch (S. 90)
2 *Pictilabrus laticlavius* (Richardson, 1839) – Papageien-Lippfisch (S. 89)
3 *Pictilabrus viridis* Russell, 1988 – Grüner Papageien-Lippfisch (S. 90)

Eine Art ist entlang der australischen Südküste von etwa 30° südlicher Breite an weit verbreitet, und zwei weitere Arten haben ein begrenztes Verbreitungsgebiet im südwestlichen Australien. Die Gattung *Pictilabrus* unterscheidet sich von der nahe verwandten Gattung *Pseudolabrus* durch einen kleineren Kopf und weitere, jedoch weniger offensichtliche Eigenschaften. Männchen unterscheiden sich in der Färbung meistens von den Weibchen; einige sind sehr prächtig gefärbt. Die Färbung hängt zum Teil vom Lebensraum ab. Die in hauptsächlich mit Rotalgen bewachsenen Gegenden vorkommenden Tiere sind braun oder rot. Wo Grünalgen vorherrschen, sind auch die Fische gelb oder grün. Die Arten sind in küstennahen Felslebensräumen häufig. Einige bevorzugen geschützte Buchten und Häfen, kommen jedoch auch in der Brandungszone vor. Jungfische leben oft versteckt in mit Algen bewachsenen Riffen. Erwachsene Tiere leben in flachen, verkrauteten Lebensräumen wie auch in größeren Tiefen auf mit Schwämmen oder anderen Wirbellosen bewachsenen Riffen.

Von den drei Arten wird nur *Pictilabrus laticlavius* regelmäßig als Aquarienfisch gefangen. Es handelt sich um leicht zu pflegende Lippfische, die alle fleischhaltigen Futtersorten annehmen. Sie eignen sich gut für größere Gesellschaftsbecken. In der Natur ernähren sie sich von verschiedenen Wirbellosen, die sich zwischen Geröll und Algen befinden, einschließlich Kebstieren und Würmern. Die anderen beiden kleineren Arten sind stärker an ihren Lebensraum angepasst und benötigen daher besondere Aufmerksamkeit. Es sind jedoch keine Haltungsberichte bekannt. Beide Arten leben in klarem, offenem Wasser, aber auch oft in der stark bewachsene Felsen enthaltenden Brandungszone.

Pictilabrus laticlavius. Die Typus-Art der Gattung. Männchen, Länge etwa 26 cm. Bermagui, New South Wales.

Papageien-Lippfisch – Pictilabrus laticlavius

Labrus laticlavius Richardson, 1839. Tasmanien.

An der Südküste Australiens weit verbreitet in Flussmündungen vom nördlichen New South Wales bis zum südlichen Tasmanien und an der Westküste nördlich bis Kalbarri. Hauptsächlich auf mit Algen bedeckten Felsenriffen bis in etwa 30 m Tiefe. In manchen Gegenden häufig. Grün bis rötlichbraun gefärbt, je nach vorherrschender Algenfarbe. Jungfische grünlich mit blauen Flecken, Weibchen braun bis rötlichbraun. Männchen an ihrer Färbung zu erkennen. Länge bis zu 30 cm.

A

Pictilabrus laticlavius. Männchen. Sydney, NSW. Tiefe 7 m. Länge 25 cm.

B

C

Pictilabrus laticlavius. B: Bermagui, NSW. Tiefe 22 m. Länge 15 cm. C: Kangaroo Island, SA. Tiefe 7 m. Länge 27 cm.

D

E

Pictilabrus laticlavius. D: Bermagui, NSW. Tiefe 22 m. Länge 15 cm. E: Melbourne, Victoria. Tiefe 7 m. Länge 23 cm.

F

Pictilabrus laticlavius. Männchen. Nine-pin Point, Tasmanien. Tiefe 15 m. Länge 30 cm.

Pictilabrus viridis. Lucky Bay, WA (Locus typicus). Tiefe 2 m. Länge 15 cm.

Grüner Papageien-Lippfisch – P. viridis

Pictilabrus viridis Russell, 1988. West-Australien.

Die Verbreitung ist auf den südwestlichen Zipfel West-Australiens beschränkt. Zwischen Felsen im Brandungsbereich, meist in wenigen Metern Tiefe. Vom Autor, der sich Russels kleine Harpune auslieh, um die ersten Tiere zu sammeln, 1978 während seiner Flitterwochen entdeckt. Die Beschreibung folgte zehn Jahre später. Die meisten Tiere erscheinen in natürlichem Licht hellgrün. Länge bis zu 15 cm.

Pictilabrus viridis. Lucky Bay, WA. B: Männchen. Tiefe 5 m. Länge 15 cm. C: Weibchen. Tiefe 7 m. Länge 14 cm.

Pictilabrus viridis. D: Weibchen. Lucky Bay, WA. Tiefe 5 m. Länge 12 cm. E: Männchen. Recherche Archipelago. Tiefe 12 m. Länge 15 cm.

Brauns Papageien-Lippfisch – P. brauni

Pictilabrus brauni Hutchins & Morrison, 1996. W. A.

Nur aus einer kleinen Region an der Südküste West-Australiens bekannt, doch versteckt lebend und leicht mit den Jungtieren häufigerer Arten zu verwechseln. In stark veralgten Felsenriffen im Flachwasser, wo die Weibchen in kleinen Gruppen leben. Eine kleine Art; das größte Exemplar war nur 10 cm lang.

Pictilabrus brauni. Süd-West-Australien. A und B: Männchen im Aquarium. L. 10 cm. C: Weibchen. T. 7 m. L. 85 mm (A–C: Barry Hutchins).

Gattung Eupetrichthys Ramsay & Ogilby, 1888

Maskulin. Typus-Art: *Eupetrichthys angustipes* Richardson, 1839. Eine monotypische australische Gattung.

Schlangenhaut-Lippfisch – E. angustipes

Eupetrichthys angustipes Richardson, 1839. Sydney.

Entlang Australiens Südküste von NSW bis WA weit verbreitet, in der Bass Strait jedoch selten. An Farbe und gestrecktem Körper leicht zu erkennen. Schleift die Schwanzflosse oft über den Boden. Über Geröll und Felsen mit schwachem Algenbewuchs in Küstengewässern und Häfen bis in 40 m Tiefe. Bis 15 cm.

A

Eupetrichthys angustipes. Kangaroo I., SA. T. 20 m. L. 10 cm.

B

Eupetrichthys angustipes. Männchen. Sydney, NSW. T. 10 m. L. 14 cm.

C

E. angustipes. Balz. NSW. Männchen etwa 15 cm.

D

Eupetrichthys angustipes. Jervis Bay, NSW. T. 12 m. L. 12 cm.

E

Eupetrichthys angustipes. Lucky Bay, West-Australien. T. 7 m. L. 12 cm.

F

G

Eupetrichthys angustipes. F: Männchen. Seal Rocks, NSW. Tiefe 5 m. Länge 15 cm. G: Sydney Harbour, NSW. Tiefe 4 m. Länge 12 cm.

Gattung Austrolabrus Steindachner, 1884

Maskulin. Typus-Art: *Labrichthys maculata* Macleay, 1881. Eine monotypische australische Gattung.

Austrolabrus maculatus. Männchen. Esperance, WA. T. 7 m. L. 16 cm.

Schwarzfleck-Lippfisch – A. maculatus

Labrichthys maculata Macleay, 1881.
King Georges Sound, West-Australien.

Bekannt von der Shark Bay, WA, bis Kangaroo Island, SA; separate Population in NSW entlang der Küste. Westliche Form auf flachen Felsenriffen und Geröll in etwa 20 m Tiefe, die östliche in 40 m Tiefe zwischen Schwämmen. Jungfische im Flachwasser zwischen mit Algen bewachsenen Steinen. Rosabraun mit schwarzen Flecken auf dem Rücken. Weiß gerandeter schwarzer Sattel auf dem Schwanzstiel, der bei Erwachsenen verblasst. Länge bis 20 cm.

Austrolabrus maculatus. B: Männchen, Rapid Bay, SA. T. 9 m. L. 17 cm. C: Kangaroo Island, SA. T. 12 m. L. 10 cm.

Austrolabrus maculatus. Männchen. Balzfärbung. Sydney, NSW. T. 7 m. L. 14 cm.

Austrolabrus maculatus. Seal Rocks, NSW. T. 5 m. L. 6 cm.

Austrolabrus maculatus. Männchen. Sydney, NSW. T. 7 m. L. 18 cm.

Austrolabrus maculatus. Seal Rocks, NSW. T. 10 m. L. 7 cm.

Gattung Dotalabrus Whitley, 1930

Maskulin. Typus-Art: *Cheilinus aurantiacus* Castelnau, 1872. Eine kleine australische Gattung mit zwei Arten. Eine davon weit verbreitet an der Südküste und die andere mit begrenztem Verbreitungsgebiet am Südwest-Zipfel von West-Australien. Beide auf Felsenriffen mit dichtem Algenbewuchs oder im Seegras. Kleine Arten, die sich gut im Aquarium halten lassen und sehr zutraulich werden.

Pretty Polly – D. aurantiacus

Cheilinus aurantiacus Castelnau, 1872.
St. Vincent Gulf, Süd-Australien.

Südküste von der Bass Strait bis West-Australien. In großen Seegras-Flächen und stark bewachsenen Riffen in geschützten Buchten und Flussmündungen. Schwimmt oft nahezu vertikal gerade über dem Seegras. Grau bis hellgrün oder fast schwarz mit Flecken oder Streifen. Bis 14 cm.

A

B

Dotalabrus aurantiacus. Port Philip Bay, Victoria. A: Jungfisch. Länge 45 mm. B: Männchen in Balzfärbung. Tiefe 4 m. Länge 14 cm.

C

D

Dotalabrus aurantiacus. Kangaroo Island, SA. C: Tiefe 4 m. Länge 10 cm. D: Tiefe 18 m. Länge 12 cm

E

F

G

Dotalabrus aurantiacus. Variationen. E: Lucky Bay, WA. Tiefe 12 m. Länge 12 cm. F und G: Portsea, Vic. Tiefe 4 m. Länge 14 cm

Allens Lippfisch – Dotalabrus alleni

Dotalabrus alleni Russell, 1988.
Carnac Island, West-Australien.

Nur vom südwestlichen Zipfel West-Australiens her bekannt. Auf mit Kelp bewachsenen Riffen, meist in kleinen aus Weibchen bestehenden Gruppen mit einem dominanten Männchen. Weibchen schwimmen näher am Substrat, und die Männchen sind an ihren Farben zu erkennen. Jungfische grün mit einem Muster schwarzer Streifen auf dem Rücken, die nach unten hin in Flecke übergehen. Eine kleine Art. Länge bis etwa 11 cm.

A

Dotalabrus alleni. Männchen. Lucky Bay, WA. T. 7 m. L. 10 cm.

B

Dotalabrus alleni. Weibchen. Lucky Bay, WA. T. 7 m. L. 9 cm.

C

Dotalabrus alleni. Männchen. Lucky Bay, WA. T. 12 m. L. 11 cm.

D

E

Dotalabrus alleni. Lucky Bay, WA. D: Männchen. Tiefe 12 m. Länge 10 cm. E: Weibchen. Tiefe 12 m. Länge 8 cm.

F

Dotalabrus alleni. Männchen und mehrere Weibchen, typisch für die Lucky Bay, WA. Tiefe 10 m.

Gattung Suezichthys Smith, 1958

Maskulin. Typus-Art: *Labrichthys caudovittatus* Steindachner, 1898. Eine kleine indopazifische Gattung mit elf Arten. Russell revidierte die indopazifischen Arten 1985, fügte 1986 eine Art hinzu, berücksichtigte *Labrus ornatus* aus dem Atlantik jedoch nicht. Zwei Gruppen mit 1,5 oder 2,5 Schuppenreihen über der Seitenlinie.

2,5 Schuppenreihen über der Seitenlinie (*Nelabrichthys*)
1 *Suezichthys arquatus* Russell, 1985 – Gemalter Regenbogenlippfisch (S. 96)
2 *Suezichthys bifurcatus* Russell, 1986 – Trawler-Lippfisch (S. 98)
3 *Suezichthys cyanolaemus* Russell, 1985 – Zebra-Lippfisch (S. 98)
4 *Suezichthys notatus* (Kamohara, 1958) – Japanischer Regenbogenlippfisch (S. 97)
5 *Suezichthys ornatus* (Carmichae, 1818) – Tristan-Regenbogenlippfisch (S. 97)

1,5 Schuppenreihen über der Seitenlinie (*Suezichthys*)
6 *Suezichthys aylingi* Russell, 1985 – Roter Putzer (S. 99)
7 *Suezichthys caudovittatus* (Steindachner, 1898) – Rotmeer-Schlanklippfisch (S. 100)
8 *Suezichthys devisi* (Whitley, 1941) – Australischer Schlanklippfisch (S. 101)
9 *Suezichthys gracilis* (Steindachner und Döderlein, 1887) – Japanischer Schlanklippfisch (S. 100)
10 *Suezichthys soelae* Russell, 1985 – Grundel-Lippfisch (S. 101)
11 *Suezichthys* cf. *soelae* (Japan) – Japanischer Grundel-Lippfisch (S.101)

Suezichthys devisi. Männchen, Länge 13 cm. Swansea, New South Wales, Australien. Tiefe 5 m.

Arten der Gattung *Suezichthys* kommen von Afrika und dem Roten Meer bis zum Pazifik vor. Sie leben meistens in subtropischen Gewässern. Die aus tropischen kommen oft in größeren Tiefen vor, wo die Wassertemperatur geringer ist. Die Weibchen vieler Arten sind kaum zu unterscheiden. Die der Arten mit 2,5 Schuppenreihen über der Seitenlinie zeigen jedoch drei schwarze Flecke, jeweils einer an den Enden der Rückenflosse und einer auf dem Schwanzstiel. *Suezichthys tripunctatus* ist auch als *S. russelli* beschrieben worden.. Die Gültigkeit zeigt sich wohl erst, wenn Männchen gefunden werden. Die Namen früher beschriebener Arten sind oft falsch zugeordnet worden. So wurde der Name einer japanischen Art, *S. gracilis*, anderen Arten in Australien (*S. devisi*) und im Arabischen Meer (*S. caudovittatus*) zugeschrieben. Die Ähnlichkeit von Schwesterarten führte dazu, dass für eine Art der japanischen (*S. notatus*) und der australisch-neuseeländischen Region (*S. arquatus*) der gleiche Namen verwendet wurde.

Die meisten Arten sind klein und erreichen nur 14 cm Länge, die größten 20 cm. Die wenigen bisher gehaltenen Arten waren leicht zu pflegen, erforderten jedoch meistens Kühlung, da sie bei über 20 °C verblassen. Einige Arten bevorzugen schlammige Substrate, andere klareres Wasser an den Rändern felsiger Riffe. Anders als die „echten" Pseodolabrinen schlafen diese Fische nachts im Sand oder tauchen bei Gefahr ins Substrat. Daher sollte man ihnen, besonders Jungfischen, im Aquarium entsprechende Flächen feinen Sandes anbieten. Grober Korallensand oder -bruch führt zu Problemen. Kleinere Exemplare können sich daran verletzen und sterben, wohingegen die älteren Tiere nicht mehr in der Lage sind, einen schleimartigen „Kokon" aufzubauen, wie es manche Arten in der Nacht tun.

Gemalter Regenbogenlippfisch – S. arquatus

Suezichthys arquatus Russell, 1985.
Poor Knight Islands, Neuseeland.

Südliches Queensland, NSW und nordöstliches Neuseeland bis zu den Norfolk-Inseln und Neukaledonien. Felsenriffe mit Algen- und Schwammwachstum von Flussmündungen bis hin zu sehr tiefen küstenfernen Bereichen. Männchen an den Farben zu erkennen. Jungfische und Weibchen mit Flecken auf den Schuppenreihen und dunklen Flecken an beiden Enden der Rückenflosse und auf dem Schwanzstiel. Bis zu 16 cm.

A

Suezichthys arquatus. Männchen. Sydney, NSW. T. 15 m. L. 12 cm.

B

C

Suezichthys arquatus. B: Männchen. Montague Island, NSW. Tiefe 15 m. Länge 13 cm. C: juvenil. Sydney. Tiefe 6 m. Länge 65 mm.

D

E

Suezichthys arquatus. D: Männchen. Süd-Qld. Tiefe 15 m. Länge 12 cm (Neville Coleman). E: Weibchen. Sydney. Tiefe 6 m. Länge 95 mm.

F

Suezichthys arquatus. Männchen. Swansea, NSW. Tiefe 12 m. Länge 15 cm.

Japanischer Regenbogen-Lippfisch – S. notatus

Pseudolabrus notatus Kamohara, 1958. Japan.

Sicher von Japan und möglicherweise Hawaii bekannt. Küstennahe und -ferne Felsenriffe, meist in mehr als 40 m Tiefe. Der Name *S. tripunctatus* wurde für dreifleckige Weibchen verschiedener Arten benutzt. Männliche *S. notatus* wurden mit *S. arquatur* verwechselt, der Schwesterart der südlichen Hemisphäre. Jungfische und Weibchen mit den typischen drei Flecken. Das Männchen behält den Fleck vorn auf der Rückenflosse. Länge bis zu 18 cm, meistens jedoch nur 15 cm.

A

Suezichthys notatus. Weibchen. Izu Oceanic Park, Japan.

B

Suezichthys notatus. Ogasawara Islands, Japan (Yasuhiro Morita).

Tristan-Regenbogenlippfisch – S. ornatus

Labrus ornatus Carmichael, 1819. Tristan da Cunha.

Nur von der im südlichen Atlantik liegenden Insel vor Südafrika bekannt. Andrews et al. (1995) berichten, dass die Art die zahlreichste im Schelf der drei nördlichen Tristan-Inseln ist und in 1,5–50 m Tiefe vorkommet. Zwischen Riffen oder Kelp. Bis zu 25 cm lang.

Die Zeichnung legt nahe, dass es sich um eine Schwesterart zu *S. arquatus* und *S. notatus* handelt. Russel beschrieb *Nelabrichthys* (1988) und vermutete in seiner Pseudolabrinen-Arbeit (1988), dass die Gattung identisch mit *Suezichthys* sei, erwähnte sie aber nicht in seiner Revision.

A

Suezichthys ornatus. Weibchen. Tristan. Länge 11 cm (T. C. Andrews).

B

Suezichthys ornatus. Männchen. Tristan. Länge 20 cm (T. C. Andrews).

Zebra-Lippfisch
Suezichthys cyanolaemus

Suezichthys cyanolaemus Russell, 1985.
Rottnest Island, West-Australien.

Sicher von Rottnest Island bis Shark Bay bekannt, kann jedoch weiter nördlich in tieferem Wasser vorkommen. Bei Berichten über *S. notatus* aus diesem Bereich handelt es sich vermutlich um diese Art. Felsige Riffränder auf Geröll in verschiedenen Tiefen von geschützten Küstenbereichen bis zu tiefem Wasser. Weibchen mit schwarzen Flecken auf Rückenflosse und Schwanzstiel wie die nahen Verwandten des *S.-notatus*-Komplexes. Bis zu 12 cm.

A

Suezichthys cyanolaemus. Männchen. Aquarium, Perth, WA. Länge 12 cm.

B

C

Suezichthys cyanolaemus. Rottnest Island, WA. B: Männchen. C: Weibchen (Barry Hutchins).

Trawler-Lippfisch
Suezichthys bifurcatus

Suezichthys bifurcatus Russell, 1986.
Great Australian Bight, West-Australien.

Nur von wenigen Exemplaren aus der Great Australian Bight bis nach Rottnest Island bekannt. Meist Trawler-Fänge aus Tiefen von mehr als 100 m, doch einige wurden auf tiefen Geröllfeldern in der Nähe veralgter Riffe fotografiert. Leicht an der Färbung zu identifizieren. Länge bis zu 10 cm.

A

Suezichthys bifurcatus. Rottnest Island, WA. T. 26 m. L. 10 cm (Barry Hutchins).

B

Suezichthys bifurcatus. Aquarium. Exemplar von Rottnest Island, WA. Länge 10 cm (Barry Hutchins).

Roter Putzer – Suezichthys aylingi

Suezichthys aylingi Russell, 1985. Poor Knights, Neuseeland.

Ost-Australien vom zentralen New South Wales bis Tasmanien und Nordost-Neuseeland. An offenen Küstenriffen und in der Nähe von Inseln, meist an den Riffrändern an der Grenze zu Geröll und Sand in etwa 20 m Tiefe. Jungfische versteckt zwischen Geröll oder Felsenüberhängen. Erwachsene in lockeren Gruppen, die von einem großen Männchen dominiert werden. Oft beim Putzen größerer Fische zu beobachten. Bis zu 12 cm.

A *S. aylingi.* Männchen. Montague Island, NSW. Tiefe 20 m. Länge 10 cm.

B *S. aylingi.* Bermagui, NSW. Tiefe 24 m. Länge 25 mm.

C *S. aylingi.* Männchen. Bermagui, NSW. Tiefe 18 m. Länge 11 cm.

D *S. aylingi.* Seal Rocks, NSW. Tiefe 12 m. Länge 62 mm.

E *S. aylingi.* Männchen. Bermagui, NSW. Tiefe 20 m. Länge 11 cm.

F *S. aylingi.* Montague Island, NSW. Tiefe 20 m. Länge 8 cm.

G *S. aylingi.* Montague Island, NSW. Tiefe 15 m. Länge 8 cm.

H *S. aylingi.* Männchen. Bermagui, NSW. Tiefe 16 m. Länge 12 cm.

I *S. aylingi.* Männchen beim „Putzen". Bermagui, NSW.

J *S. aylingi.* Ile des Phoques, Tasmanien. Tiefe 25 m. Länge 11 cm.

Japanischer Schlanklippfisch – S. gracilis

Labrichthys gracilis Steindachner und Döderlein, 1887. Tokio, Japan.

Südliches Japan von der Bucht von Tokio bis in subtropische Gewässer. Auf offenen sandigen oder schlammigen Substraten mit Riffausläufern, meist in 15 m Tiefe oder mehr. In allen Größen leicht an der Zeichnung zu identifizieren. Jungfische mit geflecktem Längsstreifen, Erwachsene mit blassen Balken auf der dunkleren Oberseite. Länge bis zu 13 cm.

A

Suezichthys gracilis. Oshima, Japan. Tiefe 25 m. Länge 12 cm.

B

C

Suezichthys gracilis. Kochi, Japan. B: Männchen. Tiefe 25 m. Länge 13 cm. C: juvenil. Tiefe 40 m. Länge 25 mm (Tomonori Hirata).

D

E

Suezichthys gracilis. Osezaki, Japan. F: Männchen. Tiefe 35 m. Länge 13 cm. G: Weibchen? Tiefe 25 m. Länge 10 cm.

Australischer Schlanklippfisch – S. devisi

Guntheria devisi Whitley, 1941. Fraser Island, Qld.

Ost-Australien von Capricornia, Qld. bis Jervis Bay, teils weiter südlich, und Neukaledonien. In Flussmündungen oder Häfen auf Sand oder Schlamm, entlang tieferer Riffe und über Sand und Geröll in Küstengewässern. Bis 30 m Tiefe. Ähnelt japanischer Schwesterart; jedoch kürzere Schnauze und Seitenfleck. Bis 14 cm.

A

Suezichthys devisi. Männchen. Wreck Bay, NSW. Tiefe 20 m. Länge 12 cm.

B

Suezichthys devisi. Sydney, NSW. T. 23 m. Länge 38 mm.

D

C

Suezichthys devisi. C: Weibchen. Hafen von Sydney, NSW. Tiefe 18 m. Länge 10 cm. D: Coogee, NSW. Tiefe 9 m. Länge 13 cm.

Rotmeer-Schlanklippfisch – S. caudavittatus

Labrichthys caudavittatus Steindachner, 1898. Suez.

Rotes und Arabisches Meer. Gruppen von Jungen in 25 m Tiefe über Sand in Riffnähe, jedoch keine Adulten. Färbung der Männchen unbekannt. Erinnert an *S. soelae*. Länge bis 12 cm.

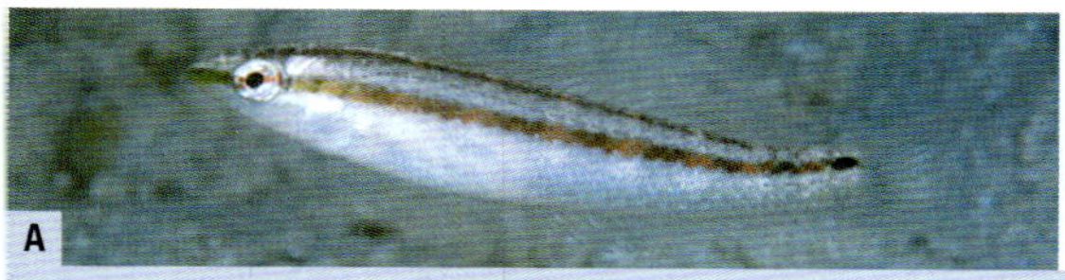

A

B

Suezichthys caudavittatus. Juvenile Tiere. Safaga, Ägypten, Rotes Meer. Tiefe 25 m. Länge 55 mm.

Grundel-Lippfisch – Suezichthys soelae

Suezichthys soelae Russell, 1985. Nordwest-Schelf, Australien.

Nordwest-Schelf West-Australiens. Auf Geröll. Aus Fängen in Tiefen von 30–75 m bekannt. Nahe verwandt mit *S. devisi*, wo den Weibchen jedoch der schwarze Fleck vorn auf der Rückenflosse fehlt. Männchen mit gefleckter Schwanzflosse. Bis 12 cm.

A

B

S. soelae. Dampier Archipelago, WA. A: Weibchen. T. 32 m. L. 10 cm. B: Männchen. T. 57 m. L. 12 cm (CSIRO, Div. of Marine Res. G. Leyland).

Japanischer Grundel-Lippfisch – S. cf. soelae

Unbeschrieben.

Wenig bekannte subtropische Art aus tiefen Gewässern von Okinawa bis Izu, Süd-Japan. Scheint bisher nicht beschrieben worden zu sein. Nahe mit *Suezichthys soelae* aus Australien verwandt. Länge bis zu 11 cm.

A

B

Suezichthys cf. *soelae.* Oshima Island, Izu, Japan. A: Weibchen. T. 42 m. L. 65 mm. B: Männchen. T. 50 m. L. 10 cm (Yasuaki Miyamoto).

Unterfamilie Julininae – ausgewählte indopazifische Gattungen

Die meisten Lippfische gehören zur Familie Julininae. Diese Arten sind hauptsächlich Riffbewohner und tauchen zum Schlafen in den Sand ein. Die Gruppe enthält auch die Arten, die meistens im Aquarium zu sehen und am leichtesten zu pflegen sind. Die meisten Arten bleiben klein und zeigen attraktive Farben. Einige werden jedoch groß und sind nur für öffentliche Schauaquarien geeignet. Sie laichen im freien Wasser und geben ihre Geschlechtsprodukte in der Nähe der Wasseroberfläche ab. Die Larven einiger Arten werden weit über das normale Verbreitungsgebiet hinaus verdriftet.

A

B

Tomonori Hirata, von dem Bild A stammt, benutzte den Ausdruck „Laichsprung" für das von *Halichoeres nebulosus* (Kochi, Japan) gezeigte Verhalten. Er passt, wenn man sieht, wie die Fische schnell zur Oberfläche aufsteigen und unmittelbar nach dem Ablaichen wieder zum Substrat rasen. B: *H. schwartzii*, oben ein Männchen, unten ein Weibchen, auf dem Weg zur Oberfläche.

Lippfische der Unterfamilie Julininae. *Macropharyngodon kuiteri* mit „Ohrenfleck", *Halichoeres hartzfeldii* mit orangefarbigem Band und der blauschwänzige *Anampses femininus* vertragen sich im Aquarium des Autors gut. Alle wurden bereits als Jungfische eingesetzt und stammen aus der Gegend von Sydney, Australien. Sie wurden mit Muscheln und Fleisch, gehackten *Mysis*, Mückenlarven und *Galeolaria*-Würmern (im Vordergrund) aufgezogen. Die Würmer findet man in Kolonien in der Gezeitenzone.

Unterfamilie Julininae (Teil) – Gattungsübersicht

Parajulis 104

Leptojulis 105

Halichoeres (Indo-Pacific) 108

Macropharyngodon 141

Xenojulis 148

Ophthalmolepis 149

Coris 150

Hologymnosus 170

Pseudocoris 174

Pseudojuloides 179

Anampses 186

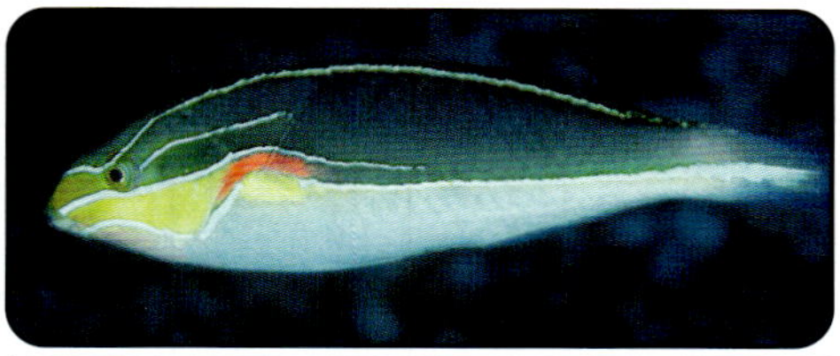

Stethojulis 197

Hemigymnus 204

Gattung Parajulis Bleeker, 1865

Feminin. Typus-Art: *Julis poecilepterus* Temminck und Schlegel, 1845. Eine monotypische Art, die vom Chinesischen Meer bis zu den größeren Inseln Südjapans vorkommt. Nahe mit *Leptojulis* verwandt.

Chinesischer Lippfisch – Parajulis poecileptera

Julis poecilepterus Richardson, 1846. China.

Eine subtropische Art, kommt vom südlichen Japan entlang des asiatischen Festlands bis Hongkong vor. Auf Sand und Geröll in der Nähe felsiger Riffe bis in 30 m Tiefe. Jungfische und Weibchen bilden kleine Gruppen. Große Männchen meist einzeln. An der Zeichnung gut zu erkennen. Länge bis zu 24 cm.

A

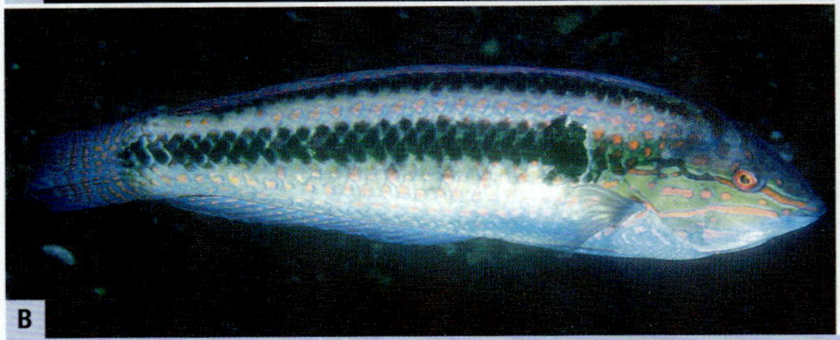

B

C

Parajulis poecileptera. Izu, Japan. A und B: Männchen. T. 20–25 m. Länge 20–24 cm. C: Jungfische, 5–6 cm, mit einem *Halichoeres hartzfeldii.*

D

E

Parajulis poecileptera. Kochi, Japan. D: Männchen. Tiefe 15 m. Länge 12 cm. E: Tiefe 5 m. Länge 5 cm (D und E: Tomonori Hirata).

F

G

Parajulis poecileptera. Owase, Japan. F: Weibchen. Tiefe 15 m. Länge 10 cm. G: Jungfische. Tiefe 15 m. Länge 6 cm.

H

I

Parajulis poecileptera. H: Izu, Japan. Tiefe 25 m. Länge 12 cm. I: Kochi, Japan. Tiefe 52 m. Länge 8 cm (Tomonori Hirata).

Gattung Leptojulis Bleeker, 1862

Feminin. Typus-Art: *Julis (Halichoeres) cyanopleura* Bleeker, 1853.Eine kleine indopazifische Gattung mit fünf Arten. Die meisten Arten haben ein kleines Verbreitungsgebiet, so dass man sie selten sieht.

1 *Leptojulis chrysotaenia* Randall und Ferraris, 1981 – Rotgestreifter Lippfisch (S. 107)
2 *Leptojulis cyanopleura* (Bleeker, 1853) – Blauer Lippfisch (S. 106)
3 *Leptojulis lambdastigma* Randall und Ferraris, 1981 (nicht abgebildet)
4 *Leptojulis polylepis* Randall, 1996 – Seitenfleck-Lippfisch (S. 107)
5 *Leptojulis urostigma* Randall, 1996 – Schwanzfleck-Lippfisch (S. 107)

Die Arten der Gattung *Leptojulis* zeigen als Erwachsene eine ungewöhnliche Zeichnung auf dem Kopf, die wie ein V oder Y aussieht und sich direkt vor der Rückenflosse befindet. Eine ähnliche Zeichnung gibt es in weniger deutlicher Form bei *Parajulis*. Die beiden Gattungen ähneln *Halichoeres*, weisen jedoch eine andere Bezahnung und eine andere Anordnung der Poren in der Seitenlinie und auf dem Kopf auf. Einige zurzeit *Halichoeres* zugeordnete Lippfisch-Arten ähneln Arten der Gattung *Leptojulis*, und Jungtiere der beiden Gattung können bei Benutzung eines Bestimmungsschlüssels verwechselt werden. Arten beider Gattungen treten in Jungfisch-Gruppen oft gemeinsam auf.

Die meisten *Leptojulis*-Arten leben auf tiefen Hängen oder Ebenen gemischten Substrates und dünnem Wirbellosen-Bewuchs oder auf Silt-Flächen. Nur *L. cyanopleura* wird häufig auf seichten Riffen beobachtet und ist am besten bekannt. Jungfische bilden kleine Gruppen und ernähren sich von Zooplankton. Wenn sie größer werden, schwimmen sie weiter vom Substrat entfernt und mischen sich oft mit gleich großen Plankton-Fressern, etwa den Lippfischen der Gattung *Cirrhilabrus*. In der Region von Sydney lebt die Art mit Hula-Fischen zusammen, einer kleinen Mirakelbarsch-Art, die in Riffnähe große Schulen bildet.

Leptojulis cyanopleura ist leicht zu pflegen und wächst innerhalb von sechs Monaten zur Endgröße heran. Die anderen Arten der Gattung sind wahrscheinlich nicht so leicht zu pflegen und werden auch nicht häufig im Handel angeboten. Sie können mit anderen sich von Plankton ernährenden Fischen vergesellschaftet werden und eignen sich für das Wirbellosen-Aquarium. Offener Schwimmraum wird von diesen Fischen bevorzugt. Feiner Sand muss zur Verfügung stehen, damit sich die Fische nachts eingraben können. Das ist besonders bei Jungtieren wichtig.

Leptojulis cyanopleura. Typus-Art der Gattung. Bali, Indonesien. Männchen. Tiefe 6 m. Länge 12 cm.

A

Leptojulis cyanopleura. Männchen. Bali, Indonesien. Tiefe 6 m. Länge 12 cm.

Blauer Lippfisch – Leptojulis cyanopleura

Julis (*Halichoeres*) *cyanopleura* Bleeker, 1853. Java.

Im Indik und West-Pazifik weit verbreitet, bis hin in subtropische Bereiche. Küstenabhänge bis Außenriff-Lagunen auf offenen Geröllfeldern oder Felsenboden. In kleinen, hauptsächlich aus Weibchen bestehenden Gruppen. Schlanke Art, meist mit braunem oder dunklem Seitenstreifen. Männchen mit reflektierendem blauem Fleck in dem Streifen etwas über und hinter den Brustflossen. Länge bis zu 12 cm.

B

Leptojulis cyanopleura. Männchen. Malediven. Tiefe 25 m. Länge 12 cm.

C

L. cyanopleura. Männchen. Bali, Indonesien. T. 6 m. L. 12 cm.

D

E

Leptojulis cyanopleura. D: junges Männchen. Sydney, Australien. Tiefe 7 m. Länge 8 cm. E: Männchen. Flores, Indonesien. Tiefe 10 m. Länge 10 cm.

F

G

Leptojulis cyanopleura. Sydney, Australien. F: Weibchen. Tiefe 7 m. Länge 6 cm. G: Jungfische. Tiefe 4 m. Länge 35 mm.

H

I

Leptojulis cyanopleura. H: Weibchen mit *Trachinops.* Sydney, Australien. T. 7 m. L. 7 cm. I: Jungfische. Bali, Indonesien. T. 24 m. L. 25 mm.

Seitenfleck-Lippfisch – Leptojulis polylepis

Leptojulis polylepis Randall, 1996. Solomon-Inseln.

Nur aus Süd-Indonesien von Bali bis Flores und von Neuguinea und den Solomon-Inseln bekannt. An Küstenabhängen, meist in schlammigen Lebensräumen mit gelegentlichen Riff-Formationen; bewohnt die offenen Bereiche. Schlanke, kleinschuppige Art mit schwarzem Fleck auf der Seite. In 46 m Tiefe gefangen. Bis 10 cm.

A

L. polylepis. Männchen. Flores, Indonesien. Tiefe 15 m. Länge 85 mm.

B

C

Leptojulis polylepis. Bali, Indonesien. Tiefe 25 m. B: Länge 35 mm. C: Länge 65 mm.

Schwanzfleck-Lippfisch – Leptojulis urostigma

Leptojulis urostigma Randall, 1996. Solomon-Inseln.

Von Indonesien bis zu den Philippinen weit verbreitet. Hauptsächlich auf offenen schlammigen Substraten, oft an den Sedimenten der Flussmündungen. Erwachsene in 30 m Tiefe, wo sie schnell über dem Boden schwimmen. Länge bis zu 11 cm.

A

B

Leptojulis urostigma. Bali. T. 25 m. L. 35 mm.

C

L. urostigma. A–C Männchen. Maumere, Flores. Tiefe 30 m. Länge 11 cm.

Rotgestreifter Lippfisch – L. chrysotaenia

Leptojulis chrysotaenia Randall & Ferraris, 1981. Thailand.

Andamanen-See, im Osten mindestens bis Bali. Leicht zu übersehen. Sandige Abhänge in 20–30 m Tiefe. Jungfische in kleinen Gruppen, Adulte nur einzeln. Jungfische am Ocellus in der Rückenflosse und Adulte an der Zeichnung der Kiemendeckel zu erkennen. Eine kleine Art, die etwa 10 cm lang wird.

A

Leptojulis chrysotaenia. Männchen. Sunda Strait. Tiefe 20 m. Länge 8 cm.

B

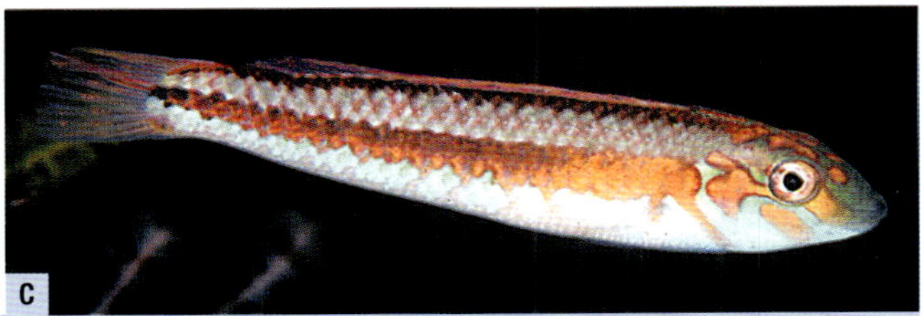

C

Leptojulis chrysotaenia. Tulamben, Bali. B: Tiefe 15 m. Länge 35 mm. C: Männchen. Tiefe 25 m. Länge 9 cm.

Gattung Halichoeres Bleeker, 1862 – Indischer Ozean und West-Pazifik

Maskulin. Typus-Art: *Halichoeres bimaculatus* Rüppell, 1835 (= *Julis zeylonicus*). Zurzeit die größte Lippfisch-Gattung. Sie besteht jedoch aus einer Vielzahl verschiedener Gruppen, so dass zukünftige Revisionen sie zweifellos in verschiedene Gattungen aufteilen werden, wie es schon Bleeker vor 150 Jahren vorgeschlagen hat. Insgesamt gibt es über 75 Arten, von denen mindestens 54 im Indik und West-Pazifik vorkommen und 20 Arten im Ost-Pazifik und Atlantik.

1 *Halichoeres argus* (Bloch und Schneider, 1801) (S. 122)
2 *Halichoeres bicolor* (Bloch und Schneider, 1801) (S. 113)
3 *Halichoeres binotopsis* Bleeker, 1849 (S. 117)
4 *Halichoeres biocellatus* Schultz, 1960 (S. 125)
5 *Halichoeres brownfieldi* (Whitley, 1945) (S. 123)
6 *Halichoeres chlorocephalus* Kuiter und Randall, 1995 (S. 120)
7 *Halichoeres chloropterus* (Bloch, 1791) (S. 140)
8 *Halichoeres chrysotaenia* Bleeker, 1853 (S. 119)
9 *Halichoeres chrysus* Randall, 1980 (S. 135)
10 *Halichoeres cosmetus* Randall und Smith, 1982 (S. 126)
11 *Halichoeres dussumieri* (Bloch und Schneider 1801) (S. 114)
12 *Halichoeres exornatus* (Richardson, 1846) (S. 115)
13 *Halichoeres hartzfeldi* Bleeker, 1852 (S. 110)
14 *Halichoeres hortulanus* (Lacepède, 1801) (S. 139)
15 *Halichoeres iridis* Randall und Smith, 1982 (S. 134)
16 *Halichoeres javanicus* Bleeker, 1857 (S. 115)
17 *Halichoeres kallochroma* Bleeker, 1853 (S. 119)
18 *Halichoeres kneri* Bleeker, 1862 (S. 112)
19 *Halichoeres lamarii* (Valenciennes, 1839) (S. 132)
20 *Halichoeres lapillus* Smith, 1947 (S. 127)
21 *Halichoeres leptotaenia* Randall und Earle, 1994 (N.A)
22 *Halichoeres leucoxanthus* Randall und Smith, 1982 (S. 135)
23 *Halichoeres leucurus* (Walbaum, 1792) (S. 120)
24 *Halichoeres margaritaceus* (Valenciennes, 1839) (S. 128)
25 *Halichoeres marginatus* Rüppell, 1835 (S. 132)
26 *Halichoeres melanochir* Fowler und Bean, 1928 (S. 131)
27 *Halichoeres melanurus* Bleeker, 1851 (S. 118)
28 *Halichoeres melas* Randall und Earle, 1994 (N.A.)
29 *Halichoeres miniatus* (Valenciennes, 1839) (S. 130)
30 *Halichoeres nebulosus* (Valenciennes, 1839) (S. 129)
31 *Halichoeres nigrescens* (Bloch und Schneider 1801) (S. 114)
32 *Halichoeres orientalis* Randall, 1999 (S. 127)
33 *Halichoeres ornatissimus* Garrett, 1864 (S. 126)
34 *Halichoeres* cf. *ornatissimus* (S. 126)
35 *Halichoeres pallidus* Kuiter und Randall, 1995 (S. 137)
36 *Halichoeres papillionaceus* (Valenciennes, 1839) (N.A)
37 *Halichoeres pardaleocephalus* Bleeker, 1849 (N.A)
38 *Halichoeres pelicieri* Randall und Smith, 1982 (S. 110)
39 *Halichoeres podostigma* Bleeker, 1854 (S. 140)
40 *Halichoeres prosopeion* Bleeker, 1853 (S. 138)
41 *Halichoeres richmondi* Fowler und Bean, 1928 (S. 122)
42 *Halichoeres rubricephalus* Kuiter und Randall, 1995 (S. 121)
43 *Halichoeres scapularis* (Bennett, 1831) (S. 112)
44 *Halichoeres schwartzii* Bleeker, 1849 (S. 116)
45 *Halichoeres signifer* Randall und Earle, 1994 (N.A.)
46 *Halichoeres solorensis* Bleeker, 1853 (S. 134)
47 *Halichoeres stigmaticus* Randall und Smith, 1982 (N.A.)
48 *Halichoeres tenuispinis* (Günther, 1862) (S. 124)
49 *Halichoeres timorensis* Bleeker, 1852 (S. 117)
50 *Halichoeres tremebundus* Jordan und Snyder, 1902 (S. 124)
51 *Halichoeres trimaculatus* (Q und Gaimard, 1834) (S. 113)
52 *Halichoeres trispilus* Randall und Smith, 1982 (S. 137)
53 *Halichoeres xanti* (Karoli, 1882) (S. 136)
54 *Halichoeres zeylonicus* (Bennett, 1832) (S. 111)

Die indopazifischen Arten der Gattung *Halichoeres* sind hauptsächlich in tropischen Gewässern verbreitet. Nur wenige kommen in gemäßigten Zonen vor. Die Fische besitzen große Zykloid-Schuppen, die auf Nacken und Brust in kleinere übergehen, und eine Seitenlinie mit einem Knick hinter der Rückenflosse. Der Kopf ist weitgehend schuppenlos; manche Arten besitzen kleine Schuppen auf den Kiemendeckeln. Das Maul ist relativ klein und die Kiefer sind mit einer Reihe konischer Zähne besetzt, die nach vorne an Größe zunehmen. Manche Arten besitzen vergrößerte Eckzähne im Oberkiefer in den Mundwinkeln; es kann sich dabei auch um ein Merkmal adulter oder männlicher Tiere handeln. Die Diagnose der Gattung ist zurzeit sehr allgemein gefasst und wird im Zuge zukünftiger Revisionen sicher überarbeitet werden.

Auf tropischen Riffen trifft man meistens auf verschiedene *Halichoeres*-Arten, von denen einige ihre Lebensräume miteinander teilen und andere spezialisierter sind. Lebensräume können Flussmündungen und flache Häfen, Riffe, Wände und Sandflächen sein, immer jedoch mit Sand oder Schutt in der Nähe, in den sich die Fische in der Nacht vergraben. Sowohl mit Algen bewachsene Felsen, Seegras-Felder, Schwamm-Ansiedlungen oder Geröllabhänge an der Basis tiefer Drop-Offs werden bewohnt. Junge und erwachsene Fische findet man im gleichen Lebensraum. Sie fressen kleine Wirbellose wie Krebstierchen und Würmer, verschmähen aber auch kleine Fische nicht.

Obwohl die Tiere meistens das Substrat nach Futter absuchen, steigen die Schulen bildenden Arten hoch über den Boden auf, wenn Zooplankton vorhanden ist. Die Farben können in Anpassung an die Lebensräume variieren. Die meisten Flachwasser-Arten zeigen Farben, die sie zwischen den Algen tarnen. Verschiedene Arten aus dem gleichen Lebensraum können daher fast identische Farben zeigen und daher schwer zu

Die Gattung Halichoeres mit möglichen Untergattungen im Indik und West-Pazifik

Halichoeres zeylonicus.
Typus-Art für die Gattung und Untergattung *Halichoeres.*

Halichoeres scapularis.
Typus-Art für die Untergattung *Guentheria.*

Halichoeres hortulanus.
Typus-Art für die Untergattung *Hemitautoga.*

Halichoeres miniatus.
Typus-Art für die Untergattung *Platyglossus.*

Halichoeres brownfieldi.
Gehört zur *H.-brownfieldi/H.-tenuispinus*-Gruppe

Halichoeres argus.
Typus-Art für die Untergattung *Hemiulis.*

unterscheiden sein. Meist sind die Männchen an Unterschieden im Zeichnungsmuster von Kopf oder Flossen zu erkennen; manchmal zeigen sie auch unterschiedliche Balzfärbungen. Die Arten des tiefen Wassers sind meistens einfacher, aber kräftiger gefärbt und von daher leicht zu identifizieren.

Die meisten in der Gattung *Halichoeres* zusammengefassten Arten sind leicht zu pflegen. Da aber auch Gruppen enthalten sind, die vielleicht eigene Gattungen darstellen, können diese auch eine unterschiedliche Pflege verlangen. Viele Arten sind sehr schön gefärbt, und die meisten werden nicht groß – ideale Fische für das Aquarium. Die „echten" *Halichoeres*, also Arten wie *H. zeylonicus*, *H. hartzfeldii* oder *H. pelicieri* leben über offenem Substrat, wo sie sich oft zu großen Gruppen zusammenschließen, wohingegen andere mehr an das Riff gebunden sind. Die erstgenannten benötigen große Aquarien mit großen Sand- und Geröllflächen, während kleinere Riffbewohner in einem mit Riffstrukturen versehenen Aquarium gepflegt werden sollten. Alle Arten erfordern jedoch zum Schlafen geeignete Sandflächen, vielleicht mit Ausnahme der größten, die auch zwischen den Steinen entsprechende Stellen zur Übernachtung finden.

Verschiedene Arten können zusammen gepflegt werden, so dass sich die Fische sowohl für Gesellschafts- als auch für Schauaquarien eignen. Man sollte sie jedoch nicht zusammen mit Wirbellosen pflegen, da sie sich an Würmern und kleinen Krebsen vergreifen. Kleine Jungfische lassen sich leicht aufziehen und sind für den Anfang ideal, besonders wenn verschiedene Arten vergesellschaftet werden. Sie wachsen schnell und erreichen ihre Endgröße in ein oder zwei Jahren. Viele Arten sind fünf bis sieben Jahre lang im Aquarium gepflegt worden, doch zweifellos leben einige Arten noch deutlich länger.

Peliciers Junker – Halichoeres pelicieri

Halichoeres pelicieri Randall & Smith, 1982. Mauritius.

Mauritius. Lebt auf Sand und Geröll in der Nähe von Riffen in mittleren Tiefen von etwa 20 m an. Ein Männchen wurde von Daniel Pelicier, nach dem die Art benannt worden ist, aus einer Tiefe von 85 m geangelt. Die Art ähnelt *Halichoeres zeylonicus*; Männchen besitzen jedoch eine größtenteils schwarze Rückenflosse. Länge bis zu 16 cm.

Halichoeres pelicieri. Mauritius (Jerry Allen).

Hartzfelds Junker – Halichoeres hartzfeldii

Julis (*Halichoeres*) *hartzfeldii* Bleeker, 1852. Ambon.

Im West-Pazifik weit verbreitet, im Westen bis Bali. Noch weiter im Westen von *H. zeylonicus* ersetzt. Küsten- und Innenriffe auf angrenzenden Sandflächen, Lagunen und Häfen oder Geröllflächen mit einzelnen Felsen. Meist kleine Gruppen von Weibchen, die von Männchen gelegentlich aufgesucht werden. Jungfische in kleinen bis großen Gruppen. Länge meistens bis 16 cm; die Fische können auch 20 cm erreichen.

A

Halichoeres hartzfeldii. Männchen. Qld., Australien. Tiefe 12 m. Länge 13,5 cm.

B

C

Halichoeres hartzfeldii. B: Männchen. Bali, Indonesien. Tiefe 6 m. Länge 16 cm. C: Sydney, Australien. Tiefe 15 m. Länge 25 mm.

D

E

Halichoeres hartzfeldii. Kochi, Japan. D: Männchen, Balzfärbung. Tiefe 16 m. Länge 12 cm. E: Tiefe 20 m. Länge 40 mm (D und E: Tomonori Hirata).

F

G

Halichoeres hartzfeldii. Kochi, Japan. F: Männchen. Tiefe 16 m. Länge 12 cm (Tomonori Hirata). G: Weibchen. Bali, Indonesien. Tiefe 6 m. L. 14 cm.

H

I

J

H. hartzfeldii. NSW, Australien. H und I: Sydney. Tiefe 12 m. Länge 7 und 10 cm. J: Montague Island, Tiefe 20 m. 35–50 mm. *H. hartzfeldii* and die Schwesterart *H. zeylonicus* bilden vom postlarvalen Stadium an Gruppen über sandigen Substraten. Das größte Weibchen wird durch Geschlechtsumwandlung zum Männchen und nach seinem Tode vom nächstgrößeren ersetzt.

Sri-Lanka-Junker – Halichoeres zeylonicus

Julis zeylonicus Bennett, 1833. Sri Lanka.

Im Indischen Ozean weit verbreitet, im Osten bis zur Nordküste Balis, wo die Art mit ihrer pazifischen Schwesterart *H. hartzfeldii* gemeinsam vorkommt. Die beiden Arten zeigen eine ähnliche Zeichnung. Männchen können an der unterschiedlichen Wangenzeichnung und dem dunklen oder orangefarbenen Fleck auf dem Seitenstreifen erkannt werden. Dieser Streifen ist bei Jungfischen und Weibchen dutlich dünner. Auf offenen sandigen Hängen oder Flächen zwischen den Riffen. Meist in kleinen Weibchen-Gruppen, um die herum einzelne Männchen patroullieren. Scheint etwas kleiner als *H. hartzfeldii* zu sein. Die größten Exemplare messen etwa 15 cm.

A

Halichoeres zeylonicus. Männchen. Malediven. Tiefe 25 m. Länge 15 cm.

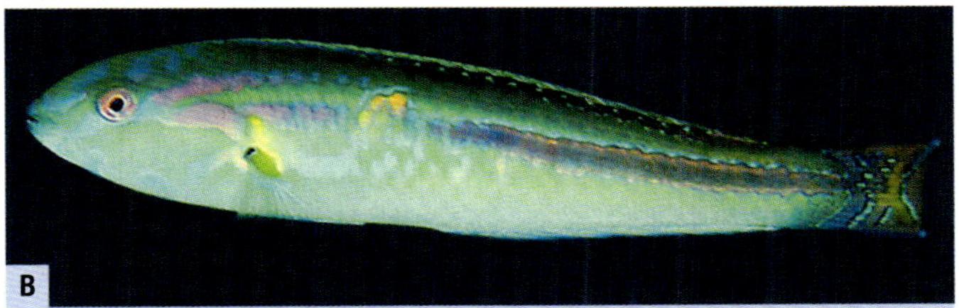

B

Halichoeres zeylonicus. Männchen. Tulamben, Bali. Tiefe 25 m. Länge 15 cm.

C

D

Halichoeres zeylonicus. Weibchen. C: Malediven. Tiefe 25 m. Länge 12 cm. D: Pulau Putri, Java. Tiefe 15 m. Länge 12 cm.

Zickzack-Junker – Halichoeres scapularis

Julis scapularis Bennett, 1832. Mauritius.

Im Indik und westlichen Pazifik weit verbreitet. Auf Sand und Geröll in Riffen Lagunen und Flussmündungen. Erwachsene bis in 30 m Tiefe. Jungfische blass mit schwarzem Seitenstreifen, der im Zickzack-Muster den Schuppenrändern folgt. Bei Männchen reduziert sich der Streifen und wird zu einem Teil der Zeichnung. Bis 15 cm.

A

Halichoeres scapularis. Männchen. Bali, Indonesien. Tiefe 6 m. Länge 15 cm.

B

C

Halichoeres scapularis. B: Männchen. Bali, Indonesien. Tiefe 6 m. Länge 15 cm. C: Kochi, Japan. Tiefe 20 m. Länge 35 mm (Tomonori Hirata).

D

E

Halichoeres scapularis. Kochi, Japan. D: Weibchen. Tiefe 5 m. Länge 12 cm. E: Tiefe 5 m. Länge 8 cm (D und E: Tomonori Hirata).

Kners Junker – Halichoeres kneri

Halichoeres kneri Bleeker, 1862. Java.

Weit verbreitet im westlichen Pazifik, Java und Singapur bis Bali und Süd-Japan sowie südliches und östliches Australien. gelegentlich mit dem ähnlichen *Halichoeres nigrescens* vergesellschaftet. Meist Silt-Lebensräume in Felsenriffen oder benachbarte Sandflächen. Jungfische und Weibchen mit kräftigem Seitenstreiefn und Ocellus in der Rückenflosse. Der Ocellus reduziert sich bei Männchen zu einem kleinen Fleck. Bis 10 cm.

A

Halichoeres kneri. Männchen. Tejakula, Bali. Tiefe 3 m. Länge 10 cm.

B

C

Halichoeres kneri. B: Weibchen. Tejakula, Bali. Tiefe 3 m. Länge 7 cm. C: Ehime, Japan. T. 4 m. Länge 40 mm (Tomonori Hirata).

Dreifleck-Junker – Halichoeres trimaculatus

Julis trimaculata Quoy & Gaimard, 1834. SW-Pazifik.

Im West-Pazifik weit verbreitet. Auf Sand und Geröll in Riffnähe oder in Lagunen. Jungfische im geschützten Flachwasser der Küsten. Adulte in bis zu 30 m Tiefe. Meist blass mit schwarzem Schwanzwurzelfleck, der bei Erwachsenen stark ausgeprägt ist. Männchen stärker rosa und gelb gefärbt. Länge bis zu 20 cm.

A *Halichoeres trimaculatus.* Männchen. Flores, Indonesien. Tiefe 20 m. Länge 18 cm.

B *Halichoeres trimaculatus.* Qld, Australien. T. 6 m. L. 45 mm.

C D *Halichoeres trimaculatus.* Kochi, Japan. C: Weibchen. Tiefe 8 m. Länge 10 cm. D: Tiefe 5 m. Länge 15 cm (C und D: Tomonori Hirata).

Perlen-Junker – Halichoeres bicolor

Labrus bicolor Bloch & Schneider, 1801. Kein Ort.

Andamanen-See bis Java. Küstennah, Silt, Sand oder Schlamm in der Nähe flacher Riffe oder Seegras-Felder. Der Mittelstreifen ist bei Jungfischen dünn, bei Adulten jedoch breiter (Augendurchmesser) mit Reihen blauer Flecke entlang der Mitte. Schwarzer Fleck zwischen sechstem und siebtem Hartstrahl der Rückenflosse, bei großen Männchen meist verblasst. Bis in 20 m Tiefe. Länge bis 12 cm.

A *Halichoeres bicolor.* Männchen. Singapur. Tiefe 15 m. Länge 12 cm.

B C *Halichoeres bicolor.* B: Singapur. Tiefe 15 m. Länge 7 cm. C: Männchen. Singapur. Tiefe 15 m. Länge 10 cm.

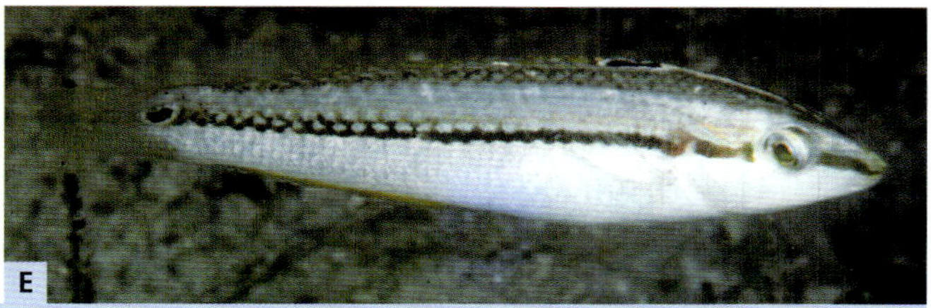

D E *Halichoeres bicolor.* Pulau Putri, Java. D: Tiefe 10 m. Länge 7 cm. E: Tiefe 10 m. Länge 9 cm.

Weißfleck-Junker – Halichoeres nigrescens

Labrus nigrescens Bloch & Schneider, 1801. Kein Fundort*.

Indik und westlicher Pazifik, Verbreitung unsicher, da Teil eines großen Artenkomplexes. Blauschwarzer Fleck vom fünften bis siebten Hartstrahl der Rückenflosse. In tropischen Küstengewässern Australiens und wahrscheinlich bis Südost-Indonesien und Neuguinea. Mit Algen bewachsene Riffe in geschützten Buchten, meist in wenigen Metern Tiefe. In West-Australien Länge bis zu 14 cm.

*) Die Autoren beschrieben die in Australien endemische Art *Coris picta* im gleichen Jahr und gaben für *H. argus* den Fundort „New Holland" (= Australien) an. Wahrscheinlich stammt der Typus von *H. nigrescens* ebenfalls aus Australien, da die Art im gleichen Lebensraum wie *H. argus* lebt.

Halichoeres nigrescens. Männchen. Qld., Australien. Tiefe 7 m. Länge 75 mm.

Halichoeres nigrescens. Weibchen. Qld., Australien. Länge 7 cm (Roger Steene).

Halichoeres nigrescens. Dampier, WA. T. 2 m. L. 14 cm (Jerry Allen).

Dussumiers Junker – Halichoeres dussumieri

Julis dussumieri Valenciennes, 1839. Indien.

Küstengewässern des Indiks, im Osten bis Bali. Meist in geschützten mit Algen bewachsenen Felslebensräumen in einer Tiefe von wenigen Metern. Am Wangenmuster zu identifizieren. Manche Männchen haben einen kleinen bläulichen Fleck zwischen dem fünften und siebten Hartstrahl der Rückenflosse. Jungtiere und Weibchen mit drei Reihen gelblicher Flecke in der Rückenflosse. Bis 16 cm.

Halichoeres dussumieri. Männchen. Bali, Indonesien. Tiefe 2 m. Länge 16 cm.

Halichoeres dussumieri. Männchen. Bali, Indonesien. Tiefe 2 m. Länge 16 cm.

Halichoeres dussumieri. Java, Indonesien. Tiefe 1 m. Länge 8 cm.

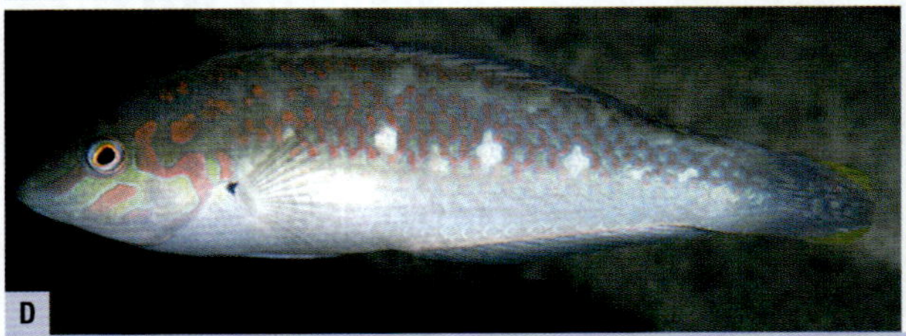

Halichoeres dussumieri. Java, Indonesien. D: Tiefe 3 m. Länge 15 cm. C: Tiefe 4 m. Länge 12 cm.

Java-Junker – Halichoeres javanicus

Halichoeres javanicus Bleeker, 1862. Java.

Nur aus der Gegend von Java und Singapur bekannt. Funde in Hongkong stellen *Halichoeres exomatus* dar. Auf mit Algen und Korallen bewachsenen Riffen in geschützten Buchten, meist siltig, in Tiefen bis etwa 15 m. Kleine Jungfische mit schwarzem Fleck auf dem Schwanzstiel. Erwachsene mit glänzendem schwarzen bis blaugrünen Fleck am sechsten und siebten Hartstrahl der Rückenflosse. Hauptsächlich Längslinien, manchmal Querstreifen und kleine schwarze Flecke. Länge bis zu 12 cm.

A *Halichoeres javanicus.* Männchen. Singapur. Tiefe 12 m. Länge 12 cm.

B *Halichoeres javanicus.* Pulau Putri. Tiefe 4 m. Länge 4 cm.

C *Halichoeres javanicus.* Männchen. Singapur. Tiefe 8 m. Länge 12 cm.

D *H. javanicus.* Singapur. Tiefe 8 m. Länge 9 cm.

E

F

Halichoeres javanicus. Weibchen. Pulau Putri. Tiefe 4 m. Länge 7 cm.

Hongkong-Junker – Halichoeres exornatus

Halichoeres exornatus Richardson, 1846. Hong Kong.

Hongkong und benachbarte tropische Gewässer bis zu den Philippinen und dem Süden Borneos. Früher mit *H. javanicus* verwechselt. Männchen mit Kopfmuster aus horizontalen Linien. Riffbewohner geschützter Bereiche aus etwa 10 m Tiefe. Bis 16 cm.

A

B

Halichoeres exornatus. A: Weibchen. Philippinen. Tiefe 4 m. Länge 12 cm. B: Männchen. N.-Borneo, Malaysia. T. 5 m. L. 16 cm (A und B: Jerry Allen).

Schwartz' Junker – Halichoeres schwartzii

Julis (Halichoeres) schwartzii Bleeker, 1847. Bali.
(?) *Julis papillionaceus* Valenciennes, 1839.
Santa Cruz Islands, SW-Pazifik.

Flores und Banda-See, im Westen bis Bali. Zweifelhaft, ob die Art mit *H. papillionaceus* aus dem Pazifik identisch ist. Nur auf sehr flachen Riffen oder mit Seegras bewachsenen Lagunen, meist in weniger als 2 m Tiefe. Männchen am Wangenmuster und der ungewöhnlichen Rückenflossenform zu erkennen (F). Zwischen Seegras eher grün und in veralgten Lebensräumen mehr grau gefärbt. Länge bis zu 10 cm.

A

H. schwartzii. Männchen, vor Weibchen balzend. Flores, Indonesien. T. 1 m. L. 10 cm.

B

C

Halichoeres schwartzii. Bali, Indonesien. B: Männchen. Tiefe 0,5 m. Länge 10 cm. C: Tiefe 0,5 m. Länge 65 mm.

D

E

Halichoeres schwartzii. Indonesien. D: Weibchen. Bali. Tiefe 0,5 m. Länge 85 mm. E: Flores. Tiefe 1 m. L. 65 mm.

F

Halichoeres schwartzii. Männchen. Flores, Indonesien. Tiefe 1 m.

Saowisata-Junker – Halichoeres binotopsis

Julis (Halichoeres) binotopsis Bleeker, 1849. Bali.

Südliches Indonesien, von Bali bis Flores. Flache Küstenriffe mit Algen und schwachem Korallenwachstum. In kleinen, lockeren Gruppen. Männchen territorial; Weibchen über das Riff verteilt. Ähnelt *H. timorensis* (nächste Art) und lässt sich davon am besten an dem mehr horizontal ausgerichteten Wangenmuster unterscheiden. Länge bis zu 12 cm.

A

Halichoeres binotopsis. Männchen. Flores, Indonesien. Tiefe 2 m. Länge 12 cm.

B

C

Halichoeres binotopsis. Flores, Indonesien. B: Tiefe 2 m. Länge 45 mm. C: Weibchen. Tiefe 2 m. Länge 12 cm.

Timor-Junker – Halichoeres timorensis

Julis (Halichoeres) timorensis Bleeker, 1852. Timor.

In Indonesien und der Andamanen-See bis Sri Lanka weit verbreitet. Flache Küstenriffe, hauptsächlich felsige Substrate mit Weichkorallen- und Algenbewuchs. An Wangen- und Körperzeichnung zu identifizieren. Am meisten *H. binotopsis* (oben) ähnlich; unterscheidet sich von dieser Art durch die abgewinkelten Wangenstreifen. In kleinen Gruppen mit dominantem Männchen. Bis 12 cm.

A

Halichoeres timorensis. Männchen. Sulawesi, Indonesien. Tiefe 3 m. Länge 12 cm.

B

C

Halichoeres timorensis. Indonesien. B: Tulamben. T. 3 m. L. 10 cm. C: Sumba. Männchen. Länge 12 cm (Takamasa Tonozuka).

D

E

Halichoeres timorensis. Indonesien. D: Sunda Strait, Java. Tiefe 15 m. Länge 9 cm. E: Weibchen. Sulawesi. Tiefe 3 m. Länge 10 cm.

Hoevens Junker – Halichoeres melanurus

Julis (*Halichoeres*) *melanurus* Bleeker, 1851. Banda.
Julis (*Halichoeres*) *hoevenii* Bleeker, 1851. Banda.

Im West-Pazifik weit mit unterschiedlichen Lokalformen weit verbreitet, von seiner Schwesterart aus dem Indischen Ozean westlich von Bali ersetzt. Flache geschützte Riff-Lebensräume, hauptsächlich in Küstennähe. Weibchen von denen vieler anderer *Halichoeres*-Arten schwer zu unterscheiden, Männchen am besten an der Flossenzeichnung zu erkennen. Gestreifte Schwanzflosse, die geschlossen einen schwarzen Fleck am hinteren Ende formt. Länge bis zu 12 cm.

Halichoeres melanurus. Männchen. Bali, Indonesien. Tiefe 5 m. Länge 12 cm.

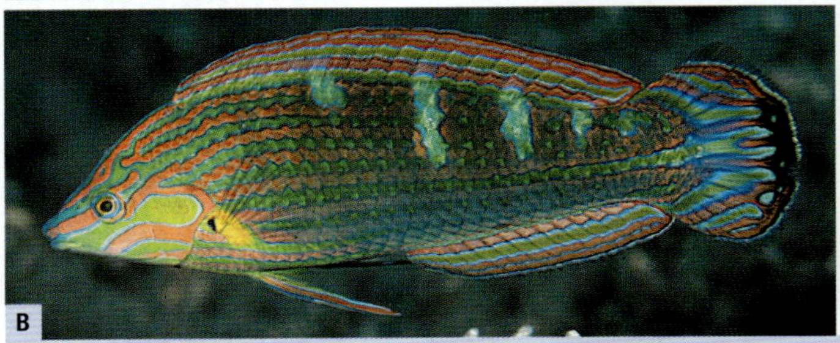

Halichoeres melanurus. Flores, Indonesien. B: Männchen. Tiefe 6 m. Länge 12 cm. C: Weibchen. Tiefe 10 m. Länge 10 cm.

Halichoeres melanurus (Var. 1). Kochi, Japan. D: Männchen. Tiefe 5 m. Länge 8 cm. E: Weibchen. Tiefe 7 m. Länge 7 cm (Tomonori Hirata).

Halichoeres melanurus (Var. 2). Qld., Australien. Tiefe 5–10 m. F und H: Männchen. G: Weibchen. L. 6 cm. I: Geschlechtsumwandlung. L. 9 cm.

Vroliks Junker – Halichoeres chrysotaenia

Julis (*Halichoeres*) *chrysotaenia* Bleeker, 1853. Java.
Julis (*Halichoeres*) *vrolikii* Bleeker, 1855. Batu Island.

Java und Andamanen-See bis zu den Malediven. Beschrieben aus der Region von Jakarta, wo die Art häufig ist und *H. melanurus* nicht vorkommt. Auf flachen geschützten Riffen oder in Lagunen mit gutem Korallenwuchs in etwa 20 m Tiefe. Männchen unterscheiden sich von denen von *H. melanurus* an der gefleckten Schwanzflosse, wohingegen Weibchen feinere Körperstreifen zeigen. Länge bis zu 12 cm.

A *Halichoeres chrysotaenia.* Männchen. Java, Indonesien. Tiefe 5 m. Länge 12 cm.

B, C *Halichoeres chrysotaenia.* Java, Indonesien. B: Weibchen. Tiefe 5 m. Länge 9 cm. C: Männchen. Tiefe 8 m. Länge 10 cm.

D, E *Halichoeres chrysotaenia.* Malediven. D: Weibchen. Tiefe 5 m. Länge 8 cm. E: Männchen. Tiefe 6 m. Länge 12 cm.

Rotnasen-Junker – Halichoeres kallochroma

Julis (*Halichoeres*) *kallochroma* Bleeker, 1853. Pariaman, Sumatra.

Indischer Ozean, bekannt von Sumatra bis zur östlichen Andamanen-See. Lebt auf mit Algen bewachsenem Geröll und zwischen Seegras. Ähnelt *Halichoeres leucurus* sehr und ist einmal für die gleiche Art gehalten worden. Männchen mit gestreiftem Körper, wobei der Schwanz einige Querlinien aufweist. Das Weibchen ist nahezu identisch mit dem von *H. leucurus*, zeigt aber gelbliche Lippen, einen weißen Fleck unter dem Ocellus an der Schwanzflossenbasis, den bei *H. leucurus* nur die Jungfische aufweisen. Länge bis gerade über 12 cm.

A *Halichoeres kallochroma.* Männchen. Sumatra. T. 10 m. L. 12 cm (H. Debelius).

B *Halichoeres kallochroma.* Weibchen. Sumatra. T. 10 m. L. 8 cm (H. Debelius).

Blaukopf-Junker – Halichoeres leucurus

Labrus leucurus Walbaum, 1792. Kein Ort.
Labrus purpurescens Bloch und Schneider, 1801.

Im West-Pazifik weit verbreitet, im Westen bis Java. Durch die ähnliche Art *H. kallochroma* bei Sumatra und in der Andamanen-See ersetzt. Geschützte Abhänge in Küstennähe und gemischte Korallen- und Algenlebensräume. Jungfische und Weibchen mit gestreiftem Körper. Männchen besitzen einen grauen Kopf mit blauen Streifen, australische Männchen jedoch ein umgekehrtes grünes und orangefarbiges Muster. Länge bis 15 cm.

A

Halichoeres leucurus. Männchen. Flores, Indonesien. Tiefe 10 m. Länge 15 cm.

B

H. leucurus? Männchen. Cassini Reef, WA. T. 10 m. L. 14 cm (J. Allen).

C

Halichoeres leucurus. Weibchen. Flores, Indonesien. T. 6 m. L. 12 cm.

D

Halichoeres leucurus. Weibchen. Java, Indonesien. T. 6 m. L. 12 cm.

E

Halichoeres leucurus. Java, Indonesien. T. 6 m. L. 45 mm.

Grünkopf-Junker – Halichoeres chlorocephalus

Halichoeres chlorocephalus Kuiter & Randall, 1995.

Nur vom südöstlichen Papua-Neuguinea her bekannt. In mittleren Tiefen von 25 m oder mehr in tiefen Lagunen, Häfen und geschützten Buchten mit Schwämmen und Korallen. Jungfische bläulich mit dünnen orangefarbigen Streifen und gelber Schnauze. Männchen dunkel mit grünlichem Kopf. Länge bis zu 12 cm.

A

B

Halichoeres chlorocephalus. New Britain, PNG. A: Männchen. Tiefe 25 m. Länge 12 cm. B: Weibchen. Tiefe 25 m. Länge 65 mm (Jerry Allen).

Rotkopf-Junker – Halichoeres rubricephalus

Halichoeres rubricephalus Kuiter & Randall, 1995. Flores, Indonesien.

Bekannt aus der Maumere Bay, Flores, und den Banggai-Inseln. Lebensraum besteht aus spröden, dicht wachsenden Korallen auf Geröllabhängen in Tiefen von 10–35 m. Männchen kann man am roten Kopf erkennen, sogar in größeren Tiefen, wo die Farbe weitgehend unterdrückt wird. Das Weibchen kann leicht mit denen anderer gestreifter Arten verwechselt werden, zeigt jedoch einen zusätzlichen Augenfleck am Ende der Rückenflosse. Länge bis etwa 10 cm.

A

H. rubricephalus. Männchen. Flores, Indonesien. Tiefe 25 m. Länge 10 cm.

B

H. rubricephalus. Video, Banggai Island (Koji Ozaki).

C

H. rubricephalus. Männchen. Flores, Indonesien. Tiefe 25 m. Länge 10 cm.

D

E

Halichoeres rubricephalus. Weibchen. Flores, Indonesien. Tiefe 25 m. C: Länge 65 mm. D: Länge 85 mm.

Blaugelber Junker – Halichoeres sp. (1)

Bisher unbeschriebene Art.

Nur von diesem Foto, das bei den Philippinen aufgenommen wurde, bekannt. Nahe verwandt mit *Halichoeres chlorocephalus* und *H. rubricephalus*, die beide ein begrenztes Verbreitungsgebiet bewohnen. Die gezeigte Art kommt wahrscheinlich nur in der Gegend der Philippinen vor. Wie die ähnlichen Arten findet man sie auf an Wirbellosen reichen Riffen in mittleren Tiefen. Länge etwa 11 cm.

Halichoeres sp. Männchen. Philippinen. Tiefe 20 m. Länge 10 cm (Jerry Allen).

Richmonds Junker – H. richmondi

Halichoeres richmondi Fowler & Bean, 1928. Philippinen.

Von Indonesien bis zu den Philippinen weit verbreitet. Flache Küstenriffdächer und Abhänge mit dichtem Weichkorallenbewuchs. In kleinen, lockeren Gruppen. Männchen am orange-braunen Kopf und den kettenartigen blauen Längsstreifen zu erkennen. Jungfische und Weibchen mit orangefarbener bis gelber Afterflosse. Die Schnauze ist spitzer als bei ähnlichen Arten. Bis 14 cm.

A *Halichoeres richmondi.* Männchen. Flores, Indonesien. Tiefe 6 m. Länge 14 cm.

B *H. richmondi.* Männchen. Sulawesi, Indonesien. Tiefe 9 m. Länge 12 cm.

C *H. richmondi.* Weibchen. Java, Indonesien. T. 7 m. L. 45 mm.

D *H. richmondi.* Weibchen. Flores, Indonesien. Tiefe 6 m. Länge 10 cm.

E *H. richmondi.* Weibchen. Java, Indonesien. T. 10 m. L. 95 mm.

Seegras-Junker – Halichoeres argus

Labrus argus Bloch & Schneider, 1801, New Holland.

Im West-Pazifik weit verbreitet. Flache, mit Algen bewachsene Küstenriffe, Lagunen und Seegras. Junge zwischen Seegräsern hellgrün, auf Riffen grünbraun. Am ungewöhnlichen Wangenmuster und den schwarz gefleckten Schuppen auf dem Rücken zu erkennen. Länge bis 12 cm.

A *Halichoeres argus.* Männchen. Java. Indonesien. Tiefe 2 m. Länge 10 cm.

B *Halichoeres argus.* Weibchen. Flores, Indonesien. Tiefe 3 m. Länge 12 cm.

C *H. argus.* Bali, Indonesien. T. 1 m. L. 35 mm.

D *H. argus.* Flores, Indonesien. T. 1 m. L. 65 mm.

Brownfields Junker – H. brownfieldi

Choerojulis brownfieldi Whitley, 1945. West-Australien.

Nur im der südwestlichen Zipfel Westaustraliens. Auf veralgten Felsenriffen in verschiedenen Tiefen. Jungfische oft zwischen *Zostera*-Seegras. Erwachsene in kleinen gemischten Gruppen beiderlei Geschlechts, manchmal nur Weibchen oder Männchen. Jungfische mit doppeltem Ocellus in der Rückenflosse. Obere Körperhälfte meistens hellgrün. Die Männchen verlieren die Ocelli, und das weiße Längsband zeigt bei ihnen oft einen roten Streifen an der Oberkante. Länge bis zu 15 cm.

A

Halichoeres brownfieldi. Männchen. Lucky Bay, WA. Tiefe 20 m. Länge 15 cm.

B

C

Halichoeres brownfieldi. Lucky Bay, WA. B: Jungfisch. Tiefe 8 m. Länge 35 mm. C: Weibchen. Tiefe 20 m. Länge 9 cm.

D

E

Halichoeres brownfieldi. Lucky Bay, WA. D: Jungfische. Tiefe 12 m. Länge 65 mm. E: Männchen. Tiefe 12 m. Länge 12 cm.

F

Halichoeres brownfieldi. Lucky Bay, WA. Männchen. Tiefe 12 m. Länge 10–13 cm.

Chamäleon-Junker – Halichoeres tenuispinis

Platyglossus tenuispinis Günther, 1862. China.
Platyglossus tremebundus Jordan & Snyder, 1902. Japan.

Subtropisches Japan bis in die Gegend von Hongkong, kleine Farbunterschiede zwischen den japanischen und den Hongkong-Populationen. In kleinen Gruppen an mit Kelp bewachsenen Riffen, meist mit einem dominanten Männchen. Jungfische mit Ocellus in der Rückenflosse und schwarzem Punkt an der Basis der Schwanzflosse. Weibchen können an einer, beiden oder keiner Stelle einen Fleck zeigen. Bis 12 cm.

A

Halichoeres tenuispinis. Balzendes Männchen. Osezaki, Japan. T. 8 m. L. 12 cm.

B

H. tenuispinis. Balzendes Männchen. Ehime, Japan. T. 3 m. L. 12 cm (T. Hirata).

D

E

C

Halichoeres tenuispinis. Männchen. Izu, Japan. Tiefe 6 m. Länge 11 cm.

F

H. tenuispinis. Jungfischentwicklung. Japan. D: Ehime. Länge 10 mm. E: Kochi. Länge 11 mm. F: Kochi. Länge 15 mm. Längen 4–7 m (Tomonori Hirata).

G

H. tenuispinis. Izu, Japan. Tiefe 16 m. Länge 10 cm.

H

H. tenuispinis. Izu, Japan. Tiefe 25 m. Länge 8 cm.

I

H. tenuispinis. Kashiwajima, Japan. Tiefe 15 m. Länge 9 cm.

J

H. tenuispinis. Kochi, Japan. T. 18 m. L. 40 mm (T. Hirata).

Augenfleck-Junker – Halichoeres biocellatus

Halichoeres biocellatus Schultz, 1960. Bikini-Atoll.

Im West-Pazifik weit verbreitet bis hin zu subtropischen Bereichen. Riffdächer und Hänge auf felsigen Substraten oder auf mit Algen bewachsenem Geröll. An der Körperfärbung gut zu erkennen. Auffällige Ocelli in der Rückenflosse junger Tiere oder von Weibchen. Länge bis zu 12 cm.

A *H. biocellatus.* Im Aquarium herangewachsenes Männchen aus Sydney. L. 12 cm.

B *H. biocellatus.* Kochi, Japan. L. 20 mm (T. Hirata).

C *H. biocellatus.* Männchen. Rowley Shoals, WA. Tiefe 10 m. Länge 12 cm.

D *H. biocellatus.* Juv. NSW, Australien. L. 25 mm.

E *Halichoeres biocellatus.* Männchen. Bali, Indonesien. Tiefe 10 m. Länge 12 cm.

F *H. biocellatus.* Jungfisch. NSW, Australien. L. 35 mm.

G *H. biocellatus.* Weibchen. Flores, Indonesien. Tiefe 6 m. Länge 10 cm.

H *H. biocellatus.* Jungfisch. NSW, Australien. L. 45 mm.

I *H. biocellatus.* Aberration. Kochi, Japan. T. 9 m. L. 50 mm (T. Hirata).

Halichoeres ornatissimus. Männchen. Hawaii, Aquarium. Länge 15 cm.

Schmuck-Junker – Halichoeres ornatissimus

Julis ornatissimus Garrett, 1863. Hawaii.

Verbreitung ungewiss. Gegend von Hawaii. Verschiedene ähnliche Arten im West-Pazifik und Indischen Ozean. Die meisten Jungfische und Weibchen zeigen zwei Ocelli in der Rückenflosse, einen in der Mitte und einen am Ende. Der letztere bleibt am längsten bestehen. Kommt meistens auf flachen Riffen vor. Länge bis zu 15 cm.

A *Halichoeres* sp. Männchen. Flores, Indonesien. Tiefe 6 m. Länge 12 cm.

Rotstreifen-Junker – Halichoeres sp. (2)

Scheint noch unbeschrieben zu sein.

West-Pazifik, Indonesien bis zu den Ogasawara-Inseln, Japan. Früher zu *Halichoeres ornatissimus* gerechnet. Der Ocellus in der Mitte der Rückenflosse ist auch noch bei erwachsenen Weibchen und sogar den meisten Männchen zu sehen, wie es auch bei *H. cosmetus* der Fall ist. Klares Wasser in Riff-Lebensräumen, meist einzeln in 6–20 m Tiefe. Länge bis zu 12 cm.

B *Halichoeres* sp. Flores, Indonesien. Tiefe 6 m. Länge 55 mm.

C *Halichoeres* sp. Flores, Indonesien. Tiefe 15 m. Länge 45 mm.

A *Halichoeres cosmetus.* Männchen. Malediven. Tiefe 18 m. Länge 12 cm.

Ornament-Junker – Halichoeres cosmetus

Halichoeres cosmetus Randall & Smith, 1982. Malediven.

Indischer Ozean; auf den Malediven häufig. In flachen Geröll-Riffen auf Ebenen und Hängen in bis etwa 20 m Tiefe. Meist in kleinen Gruppen in Nähe des Grundes. Kleine Jungfische versteckt zwischen großen Geröllbrocken. Jungfische mit auffälligen Ocelli in der Rückenflosse, die bei Weibchen bestehen bleiben, bei großen Männchen jedoch auf einen kleinen roten Fleck in der Mitte der Rückenflosse reduziert werden. Länge bis zu 12 cm.

B *H. cosmetus.* Weibchen. Malediven. Tiefe 15 m. Länge 10 cm.

C *H. cosmetus.* Malediven. Tiefe 12 m. Länge 35 mm.

Juwelen-Junker – Halichoeres lapillus

Halichoeres lapillus Smith, 1947. Delagoa.

Westlicher Indischer Ozean, Mozambique, Madagaskar und Mauritius. Auf stark veralgten Riffen in bis zu 15 m Tiefe. An der vorherrschenden grünen Farbe mit perlenartigen Flecken und den kennzeichnenden dunklen Streifen auf der unteren Hälfte des Kopfes zu identifizieren. Länge bis zu 14 cm.

Halichoeres lapillus. Aquarium, Herkunft unbekannt. L. 8 cm (Helmut Debelius).

Grünwangen-Junker – Halichoeres orientalis

Halichoeres orientalis Randall, 1999. Okinawa.

Südliches Japan und Taiwan. In der japanischen Literatur als *Halichoeres ornatissimus* bezeichnet (eine Art von Hawaii). Auf flachen Felsen- und Korallenriffen in bis etwa 15 m Tiefe. An der Färbung gut zu erkennen. Jungfische und Weibchen zeigen zwei große Ocelli in der Rückenflosse. Männchen grün mit orangefarbenen Streifen und charakteristischer hellgrüner Wange mit horizontalem orangeroten Streifen. Länge bis zu 15 cm.

A

H. orientalis. Männchen. Kochi Japan. T. 11 m. L. 15 cm (Tomonori Hirata).

B

C

D

H. orientalis. Kochi Japan. B: juvenil. T. 5 m. L. 2 cm. C: Weibchen. T. 15 m. L. 7 cm. D: Männchen. T. 14 m. L. 13 cm (B–D: Tomonori Hirata).

E

F

H. orientalis. Japan. E: Weibchen. Iriomote Island. Tiefe 25 m. Länge 11 cm. F: Männchen. Kerama Island. Tiefe 12 m. Länge 14 cm.

Küsten-Junker – Halichoeres margaritaceus

Julis margaritaceus Valenciennes, 1839. Vanicoro.

Im westlichen Pazifik weit verbreitet. Küstennahe, flache und meist mit Algen bewachsene Felsenriffe. Oft in gemäßigten Brandungszonen. Jungfische und Weibchen leicht mit anderen Arten zu verwechseln. Männchen am Wangenmuster zu erkennen; fast horizontaler rosa Streifen unter dem Auge. Jungfische erinnern sehr an die von *H. nebulosus*, sind aber schlanker. Länge bis zu 12 cm.

A

H. margaritaceus. Männchen. Kochi, Japan. T. 3 m. L. 11 cm (Tomonori Hirata).

B

H. margaritaceus. Okinawa, Japan. T. 3 m. L. 11 cm (Tomonori Hirata).

C

NSW, Australien. Aquarium. Länge 25 mm.

D

H. margaritaceus. Männchen. Sangihe Island, Indonesien. Tiefe 2 m. Länge 10 cm.

E

NSW, Australien. Aquarium. Länge 35 mm.

F

G

Halichoeres margaritaceus. Weibchen. F: Guam. Tiefe 5 m. Länge 11 cm. G: NSW, Australien. Aquarium. Länge 9 cm.

H

I

Halichoeres margaritaceus. Weibchen. NSW, Australien. H: Tiefe 3 m. Länge 11 cm. I: Tiefe 6 m. Länge 10 cm.

Wolken-Junker – Halichoeres nebulosus

Julis nebulosus Valenciennes, 1839. Indien.

Im Indik und westlichen Pazifik weit verbreitet, als Erwachsene bis in subtropische Bereiche. Hauptsächlich nahe der Küste in mit Algen bewachsenen Felsenriffen. Flachwasser bis mindestens 40 m Tiefe. Männchen mit abgewinkeltem oder diagonalem rosa Streifen unter dem Auge. Weibchen mit hellrosa Fleck auf dem Bauch. Etwas hochrückiger als die der ähnlichen Art *H. margaritaceus*. Länge bis zu 12 cm.

A

Halichoeres nebulosus. Männchen. NSW, Australien. Tiefe 4 m. Länge 12 cm.

B

C

Halichoeres nebulosus. Kochi, Japan. Tiefe 4 m. B: juvenil. Länge 25 mm. C: Männchen. Länge 10 cm (Tomonori Hirata).

D

E

Halichoeres nebulosus. D: Weibchen. Malediven. Tiefe 15 m. Länge 65 mm. E: Männchen. Bali, Indonesien. Tiefe 6 m. Länge 12 cm.

F

G

Halichoeres nebulosus. Monte Bello Island, WA. F: Weibchen. Tiefe 3 m. Länge 75 mm. G: Männchen. Tiefe 6 m. Länge 11 cm.

H

I

Halichoeres nebulosus. Weibchen. H: Kochi, Japan. Tiefe 3 m. Länge 4 cm (Tomonori Hirata). I: NSW, Australien. Tiefe 6 m. Länge 9 cm.

Wangenring-Junker – Halichoeres miniatus

Julis miniatus Valenciennes, 1839. Java.

Im West-Pazifik weit verbreitet, leicht unterschiedliche Form in Japan. Flache, meist mit Algen bewachsene Felsenriffe in Küstennähe. Männchen am kreisförmigen Wangenmuster zu identifizieren. Weibchen mit rosa Bäuchen, dünnen weißen Linien entlang der Schuppen und meist schwarz (rot bei der japanischen Form) gesprenkelter Afterflosse. Bis 12 cm.

A

Halichoeres miniatus. Bali, Indonesien. Tiefe 1 m. Länge 12 cm.

B

H. miniatus. Ehime, Japan. T. 1 m. L. 40 mm (T. Hirata).

C

D

Halichoeres miniatus. Flores, Indonesien. B: Tiefe 2 m. Länge 10 cm. D: Tiefe 1 m. Länge 45 mm.

E

F

Halichoeres miniatus. Yeppoon, Qld., Australien. Tiefe 3 m. E: Männchen. Länge 10 cm. F: Weibchen. Länge 60 mm.

G

H

Halichoeres miniatus. Aquarium, aus Yeppoon, Qld., Australien. G: Männchen. Länge 11 cm. H: Weibchen. Länge 10 cm.

Gelbflossen-Junker – H. melanochir

Halichoeres melanochir Fowler & Bean, 1928. Philippinen.

Westlicher Pazifik vom südlichen Japan an. Indonesien hauptsächlich westlich der Wallace-Linie von Nord-Sulawesi bis Bali. Unterschiedliche Lokalform in der Gegend des Nord-West-Kaps in West-Australien. Felsenriffe in Küstennähe bis etwa 25 m Tiefe. Jungfische ähneln denen von *H. annularis*; an den orangefarbenen Bauchflossen zu unterscheiden, die in jedem Alter gezeigt werden. Länge bis zu 16 cm.

A

H. melanochir. Männchen in Balzfärbung. Sulawesi, Indonesien. T. 15 m. L. 15 cm.

B

C

H. melanochir. Bali, Indonesien. B: Männchen. Tiefe 6 m. Länge 14 cm. C: juvenil. Tiefe 15 m. Länge 35 mm.

D

H. melanochir. Weibchen. Tulamben, Bali. Tiefe 6 m. Länge 12 cm.

F

G

E

H

Halichoeres melanochir. Japan. E: Kerama. T. 20 m. L. 15 cm. F–H: Kochi. Jungtiere. F: 35 mm. G: 40 mm. H: 50 mm (F–H: Tomonori Hirata).

I

J

K

Halichoeres melanochir. Variation. Monte Bello Island, WA. I: Weibchen. Tiefe 6 m. L. 12 cm. J: Tiefe 8 m. L. 35 mm. K: Tiefe 12 m. L. 25 mm.

Dunkler Junker – Halichoeres marginatus

Halichoeres marginatus Rüppell, 1835. Rotes Meer.

Auf das Rote und Arabische Meer beschränkt. Schwesterarten in Indik und West-Pazifik. Auf geschützten Küstenriffen, oft Silt-Lebensräume mit Felsen und Seeigeln in engen Spalten. Kleine Jungfische fast schwarz mit schmalen weißen Linien und Flecken. Zwei Ocelli in der Mitte und am Ende der Rückenflosse, ein kleiner hinten auf der Afterflosse. Männchen dunkel bis grünlich mit orangegelb und blau gestreiftem Kopf. Länge bis zu 15 cm.

H. marginatus. Oman. Tiefe 12 m. A: Männchen. Länge 14 cm. B: Weibchen. Länge 11 cm. A: Jungtier. Länge 75 mm (A–C Phil Woodhead).

Lamars Junker – Halichoeres lamarii

Julis lamarii Valenciennes, 1839. Mauritius.

In zwei Unterarten weit verbreitet: *H. l. lamarii* im westlichen Indik, *H. l. annularis* mit verschiedenen Formen im restlichen Indik und West Pazifik. Nominatform mit kleineren, zahlreicheren Flecken auf den unpaarigen Flossen, vor allem der Schwanzflosse. Küsten- und Außenriffe, Felsen und Geröll mit Algen und Wirbellosen in verschiedenen Tiefen. Jungfische versteckt in Spalten, oft mit Seeigeln. Männchen bei der Balz metallisch grünblau. Die subtropische japanische Form mit durchsichtigem Schwanz; Männchen mit senkrechten Linien anstelle der Flecke in der Schwanzflosse. Länge bis 16 cm.

H. lamarii annularis. Männchen. Bali, Indonesien. Tiefe 12 m.
A: Balzfärbung. Länge 15 cm. B: normale Färbung.

H. annularis. Flores, Indonesien. Tiefe. 20 m.
Längen: C: 55 mm. D: 9 cm.

Halichoeres lamarii lamarii. E: Weibchen, Seychellen. F: Männchen. Madagaskar (Jerry Allen).

Halichoeres lamarii. Männchen. Malediven. Tiefe 15 m. Länge 13 cm.

Halichoeres lamarii. Rowley Shoals, WA. H: Weibchen. Tiefe 6 m. Länge 10 cm. J: Männchen. Tiefe 5 m. Länge 12 cm.

Halichoeres lamarii. Variation 1. Sydney, Australien. I: Tiefe 4 m. L. 45 mm. K: Weibchen, Aquarium. L. 85 mm.

H. lamarii. Männchen. Variation 2. Kerama. Tiefe 12 m. Länge 15 cm.

Halichoeres lamarii. Variation 2. Ehime, Japan. M: Tiefe 0.5 m. Länge 35 mm. N: Tiefe 5 m. Länge 12 cm (Tomonori Hirata).

Solor-Junker – Halichoeres solorensis

Julis (*Halichoeres*) *solorensis* Bleeker, 1853. Solor.

Flores- und Banda-See, im Westen bis Bali. Geschützte Riffe und Lagunen, oft auf Sand und Geröll mit großen Hirschgeweih-Korallen. In kleinen Weibchen-Gruppen. Männchen territorial. An der rußig-gelben Farbe zu erkennen. Bis 14 cm.

Halichoeres solorensis. Männchen. Tulamben, Bali. Tiefe 10 m. Länge 14 cm.

Halichoeres solorensis. Maumere, Flores. B: junges Männchen. Tiefe 15 m. Länge 12 cm. C und D: Tiefe 12 m. Länge 45 mm.

Halichoeres solorensis. Maumere, Flores. Weibchen. Tiefe 12–15 m. Länge 10 cm.

Gelbkopf-Junker – Halichoeres iridis

Halichoeres iridis Randall & Smith, 1982. Mauritius.

Westlicher Indik, zwar im Roten Meer, aber nicht auf den Malediven. Meist in mehr als 20 m Tiefe, gelegentlich auch im Flachwasser. Adulte an ihrer Farbkombination zu identifizieren. Vermutlich nahe mit *Halichoeres crysus* verwandt. Kleine Jungfische mit auffälligen Augenflecken in der Rückenflosse, die bei Weibchen noch als Punkte zu sehen sind. Länge bis 11 cm.

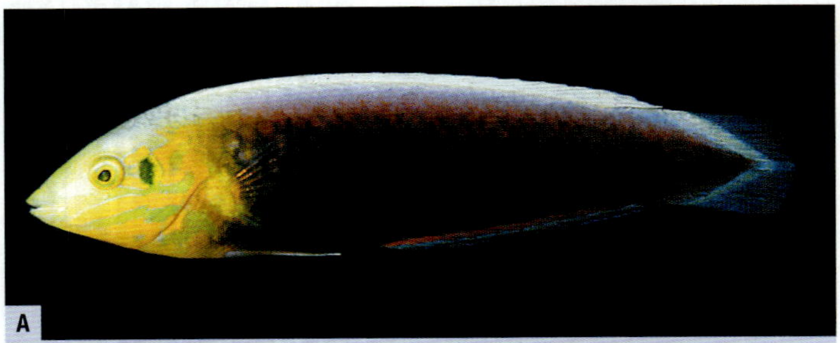

Halichoeres iridis. Männchen. Kenia. Tiefe 25 m. Länge 11 cm (Jerry Allen).

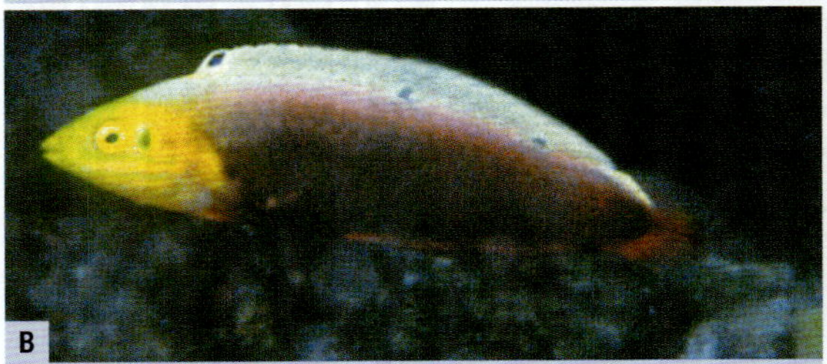

H. iridis. Oman. Tiefe 24 m. Länge 10 cm (Phil Woodhead).

H. iridis. Kenia. Tiefe 25 m. Länge 35 mm (Jerry Allen).

Zitronen-Junker – H. chrysus

Halichoeres chrysus Randall, 1980.
Solomon-Inseln.

Im West-Pazifik bis in subtropische Bereiche weit verbreitet, von Bali bis zu den Weihnachtsinseln im Indischen Ozean. Küsten- bis Außenriffabhänge, meist Fische verschiedenen Alters in kleinen Gruppen. In mehr als 10 m Tiefe. An der hellgelben Farbe gut zu erkennen. Länge bis zu 10 cm.

A

Halichoeres chrysus. Männchen. Bali, Indonesien. Tiefe 15 m. Länge 10 cm.

B

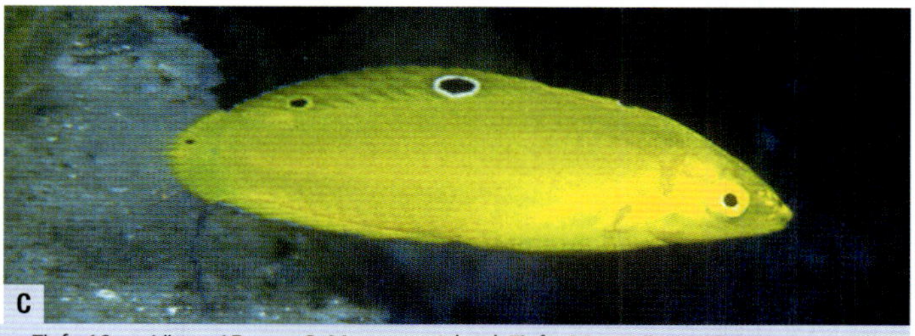
C

Halichoeres chrysus. NSW, Australien. B: Sydney. Tiefe 18 m. Länge 15 mm. C: Montague Island. Tiefe. 20 m. Länge 65 mm.

D

E

Halichoeres chrysus. Kochi, Japan. D: Tiefe 23 m. Länge 15 mm. E: Männchen. Tiefe. 24 m. Länge. 10 cm (D und E: Tomonori Hirata).

Kanarien-Junker
Halichoeres leucoxanthus

Halichoeres leucoxanthus
Randall & Smith, 1982. Java.

Westlicher Indischer Ozean bis Java. Auf Sandflächen an Riffrändern, meist in 15–30 m Tiefe. In kleinen Gruppen. Leicht am hellgelben Körper mit weißer Unterseite zu erkennen. Länge bis zu 12 cm.

A

B

C

Halichoeres leucoxanthus. Malediven. Tiefe 15 m. Balzendes Männchen. Länge 11 mm. B: Jungfisch. Länge. 45 mm. C: Weibchen. Länge. 10 cm.

Ohrenwärmer-Junker – Halichoeres xanti

Platyglossus xanti Karoli, 1882. Singapur.
Halichoeres melasmapomus Randall, 1980. Pitcairn-Inseln.

Im West-Pazifik mit einigen Lokalformen weit verbreitet. Küsten bis Außenriffe entlang Drop-Offs mit Höhlen und reichem Wirbellosen-Bewuchs. Gut zu erkennende Art mit großem blauschwarzem Fleck hinter dem Auge. Jungfische und Weibchen mit jeweils einem Fleck an jedem Ende der Rückenflosse und in der Mitte sowie einem zusätzlichen Ocellus an der Schwanzflossenbasis. Rosa in Außenriffen; in Küstennähe mehr rötlich mit Längsstreifen auf der Körperunterseite. Erwachsene in kleinen Gruppen, Jungfische einzeln. Länge bis zu 12 cm.

A

H. xanti. Männchen. Flores, Indonesien. Tiefe 25 m. Länge 12 cm.

B

C

H. xanti. B: Flores, Indonesien. Tiefe 25 m. Länge 11 cm. C: Bali, Indonesien. Tiefe 25 m. Länge 50 mm.

D

H. xanti. Männchen. Tomini Bay, Sulawesi, Indonesien. Tiefe 10 m. Länge 11 cm.

E

H. xanti. Männchen. Guam. Tiefe 30 m. Länge 10 cm.

F

G

H. xanti. Variation. Rowley Shoals, WA. Tiefe 30 m. F: Männchen. Länge 11 cm. G: Länge 10 cm.

Blasser Junker – H. trispilus

Halichoeres trispilus Randall & Smith, 1982. Malediven.

Im Indischen Ozean weit verbreitet, im Osten bis an die Südküste Javas. Außenriffe, meist entlang tiefer Drop-Offs mit großen Höhlen und reichem Wirbellosen-Bewuchs. In Tiefen von mehr als 20 m. Meist in kleinen Weibchen-Gruppen, in deren Nähe sich ein Männchen aufhält. Im tiefen Wasser leicht zu erkennen, da die Tiere fast weiß mit einigen schwarzen Flecken oder Streifen auf dem Kopf wirken. Länge bis zu 12 cm.

A

Halichoeres trispilus. Männchen. Pulabuhan Ratu, Java. Tiefe 30 m. Länge 12 cm.

B

C

Halichoeres trispilus. Malediven. B: Weibchen. Tiefe 25 m. Länge 8 cm. C: Männchen. Tiefe 30 m. Länge 10 cm.

Rosa-Junker – Halichoeres pallidus

Halichoeres pallidus Kuiter & Randall, 1995. Gunung Api, Indonesien.

Flores- und Banda-See bis nach Mikronesien. Äußere Riffwände mit großen Höhlen und reichem Wirbellosen-Bewuchs. Meist in Tiefen von 30 m und mehr. Wirkt in der Tiefe weiß. Jungfische und Weibchen mit drei schwarzen Flecken in der Rückenflosse. In kleinen Gruppen von Weibchen mit dominantem Männchen. Länge bis 10 cm.

A

Halichoeres pallidus. Männchen. Babi Island, Flores, Indonesien. Tiefe 30 m. Länge 9 cm.

B

C

Halichoeres pallidus. Babi Island, Flores, Indonesien. Tiefe 30 m. B: juvenil. Länge 3 cm. C: Weibchen. Länge 8 cm.

Graukopf-Junker – Halichoeres prosopeion

Julis (Halichoeres) prosopeion Bleeker, 1853. Ambon.

Im West-Pazifik bis in subtropische Bereiche weit verbreitet. Formen von Australien und dem östlichen Neuguinea unterscheiden sich in der Färbung. Abhänge an küstennahen Riffen und entlang von Drop-Offs am Fuß großer Höhlen. Meist einzeln. Jungfische aus Australien mit kräftigen schwarzen Linien, die sich in der Schwanzflosse fortsetzen. Indonesische Form mit gelbem Schwanz; Streifen setzen sich hier nicht fort. Adulte mit blaugrauem Kopf, auf der Körperhälfte in Hellgelb übergehend. Bis 12 cm.

A

Halichoeres prosopeion. Männchen. Bali, Indonesien. Tiefe 15 m. Länge 12 cm.

B C D

Halichoeres prosopeion. Jungfische, Längen 40–45 mm. B: Bali, Indonesien. C: Kochi, Japan (Tomonori Hirata). D: GBR, Australien (Australien-Form).

E F

Halichoeres prosopeion. Farbänderung. E: Bali, Indonesien. T. 10 m. L. 75 mm. F: Kochi, Japan. T. 18 m. L. 50 mm (F: Tomonori Hirata).

G H

Halichoeres prosopeion. Variation. NSW, Australien. Im Aquarium aufgewachsen. G: Länge 10 cm. H: Länge 50 mm.

I J

Halichoeres prosopeion. Variation. I: Papua-Neuguinea. T. 25 m. L. 12 cm. J: GBR, Australien. T. 20 m. L. 12 cm.

Schachbrett-Junker
Halichoeres hortulanus

Labrus hortulanus Lacepède, 1801. Mauritius.

Im Indik und West-Pazifik weit verbreitet. Leichte Unterschiede zwischen Fischen des Indischen und Pazifischen Ozeans sowie denen des Roten Meeres. Von flachen küstennahen Riffdächern bis in mittlere Tiefen entlang von Drop-Offs. Erwachsene mit einem oder zwei gelben Sätteln auf dem Rücken; manchmal mit kleinem schwarzem Fleck oben auf dem Schwanzstiel. Kleine Jungfische schwarz-weiß gezeichnet. Länge bis zu 25 cm.

A
Halichoeres hortulanus. Männchen. Rotes Meer. Tiefe 20 m. Länge 22 cm.

B
Halichoeres hortulanus. Rotes Meer. L. 25 mm.

C
Halichoeres hortulanus. Männchen. Malediven. Tiefe 20 m. Länge 22 cm.

D
Halichoeres hortulanus. Bali, Indonesien. L. 20 mm.

E
Halichoeres hortulanus. Männchen. Bali. Indonesien. Tiefe 8 m. Länge 24 cm.

F
Halichoeres hortulanus. NSW, Australien. L. 10 mm.

G
Halichoeres hortulanus. Männchen. Flores, Indonesien. Tiefe 20 m. Länge 22 cm.

H
Halichoeres hortulanus. NSW, Australien. L. 25 mm.

I

J

Halichoeres hortulanus. Rowley Shoals, WA. I: Tiefe 6 m. Länge 10 cm. J: Männchen. Tiefe 10 m. Länge 23 cm.

Weißkehl-Junker – H. podostigma

Julis (*Halichoeres*) *podostigma* Bleeker, 1854. Flores, Indonesien.

Bekannt von Flores bis Bali, der Banda-See und Ost-Kalimantan Küstennahe und -ferne Riffdächer mit reichem Korallen- und Hydrozoen-Bewuchs. Meist einzeln. Jungtiere am grünen Schwanz zu erkennen, Adulte an ihrer ungewöhnlichen Zeichnung. Bis 18 cm.

A

Halichoeres podostigma. Weibchen. Maumere, Flores. Tiefe 10 m. Länge 15 cm.

C

B

D

H. podostigma. Bali, Indonesien. B: Männchen. Tiefe 12 m. Länge 18 cm. D: Länge 45 mm. C: Kalimantan, Indonesien. Tiefe 10 m. Länge 25 mm.

Grüner Junker
Halichoeres chloropterus

Labrus chloropterus Bloch, 1791. Japan (wahrscheinlich von den Philippinen).

Weit verbreitet im westlichen Pazifik. Flache küstennahe Riffe mit Geröll und Algen sowie Lagunen. Jungfische zwischen Algen hellgrün, auf Geröll blass oder mit dunklen Längsstreifen. Meist kleine Punkte und ein dunkler Fleck wie in Abb. A. Bis 18 cm.

A

Halichoeres chloropterus. Weibchen. Maumere, Flores. Tiefe 6 m. Länge 15 cm.

C

B

D

Halichoeres chloropterus. Java, Indonesien. B: Männchen. T. 3 m. L. 18 cm. C: T. 4 m. L. 25 mm. D: Togean, Indonesien. T. 4 m. L 50 mm (Jerry Allen).

Gattung Macropharyngodon Bleeker, 1862

Maskulin. Typus-Art: *Julis geoffroyi* Quoy & Gaimard, 1824. Eine kleine indopazifische Gattung mit zehn Arten. Einige davon sind nur in einem kleinen Gebiet verbreitet.

1 *Macropharyngodon bipartitus* Smith, 1957 – Diamant-Junker (S. 144)
2 *Macropharyngodon choati* Randall, 1978 – Choats Leoparden-Junker (S. 145)
3 *Macropharyngodon cyanoguttatus* Randall, 1978 – Blaupunkt-Junker (S. 145)
4 *Macropharyngodon geoffroyi* (Quoy & Gaimard, 1824) – Kurznasen-Junker (nicht abgebildet)
5 *Macropharyngodon kuiteri* Randall, 1978 – Kuiters Leoparden-Junker (S. 146)
6 *Macropharyngodon meleagris* (Valenciennes, 1839) – Leoparden-Junker (S. 142)
7 *Macropharyngodon moyeri* Shepard & Meyer, 1978 – Moyers Leoparden-Junker (S. 146)
8 *Macropharyngodon negrosensis* Herre, 1932 – Schwarzer Leoparden-Junker (S. 147)
9 *Macropharyngodon ornatus* Randall, 1978 – Pailletten-Junker (S. 143)
10 *Macropharyngodon vivienae* Randall, 1978 – Viviens Leoparden-Junker (S. 147)

Macropharyngodon bipartitus. Männchen, Länge etwa 13 cm. Malediven.

Diese kleinen und meistens recht intensiv gefärbten Fische werden im Hinblick auf ihre Fleckenzeichnung auch als Leoparden-Junker bezeichnet. Viele sind beliebte Aquarienfische, die nicht allzu schwer zu pflegen sind. Diese Lippfische leben auf Sand- und Geröllsubstraten, meistens mit Algenbewuchs, wo sie kleine Wirbellose als Beute suchen. Man sollte beachten, dass die Fische Schwimmraum benötigen. Der Boden sollte Bereiche feinen Sandes mit einzelnen oder Gruppen von Steinen aufweisen. Jungfische graben sich gern zu ihrem Schutze im feinen Sand ein. Am besten ist es, mit der Pflege einer Gruppe von Jungfischen zu beginnen. Im Laufe der Entwicklung wird ein Tier zum Männchen werden. Setzt man neue Tiere zu bereits eingewöhnten hinzu, können Kämpfe die Folge sein, besonders, wenn bereits ein dominantes Männchen im Aquarium lebt.

Macropharyngodon kuiteri. Männchen, das beim Gähnen seine Zähne zeigt. Der Gattungsname bezieht sich auf ein Paar vergrößerter Eckzähne im Oberkiefer, in der Nähe des Mundwinkels.

Leoparden-Junker – M. meleagris

Julis meleagris Valenciennes, 1839. Ulea.

West-Pazifik von Japan bis Australien und Nord-Indonesien, entlang der Wallace-Linie bis Nord-West-Bali. Im größeren Teil Indonesiens von *M. ornatus* ersetzt, kommen gemeinsam bei den Rowley Shoals in Westaustralien vor. Flache Riffdächer. Jungtiere und Weibchen hellgrün mit braunen bis schwarzen Streifen. Männchen rötlichbraun bis grün mit irisierenden dunkelgrünen Flecken am Körper und Streifen auf dem Kopf. Dunkler „Ohrenfleck" mit etwas Gelb. Bis 11 cm; Männchen in manchen subtropischen Gebieten bis zu 14 cm.

Macropharyngodon meleagris. Aquarium. NSW, Australien. Länge 13 cm.

Macropharyngodon meleagris. Männchen. Sangihe I. Indonesien. T. 6 m. L. 10 cm.

M. meleagris. Montague I. NSW. Länge: 15–30 mm.

Macropharyngodon meleagris. E: Weibchen, Mabul, Malaysia. Tiefe 10 m. Länge 8 cm. F: Kerama, Japan. Tiefe 12 m. Länge 75 mm.

M. meleagris. Rowley Shoals, WA. 15–25 m. G: Männchen. Länge 12 cm. H: Jungfisch, 25 mm. I: Weibchen, 11 cm, mit *M. ornatus.*

Pailletten-Junker
Macropharyngodon ornatus

Macropharyngodon ornatus Randall, 1978. Ambon.

Eigentliche Art von den Molukken bis zur Flores-See. Zwei separate Lokalformen im tropischen Süd-West-Australien und im Indischen Ozean weit verbreitet bis nach Bali. Verschiedene Rifflebensräume auf Geröll bis in 30 m Tiefe. Weibchen in kleinen Gruppen mit einem dominanten Männchen. Länge bis zu 11 cm.

Macropharyngodon ornatus. Männchen. Flores, Indonesien. Tiefe 6 m. Länge 11 cm.

M. ornatus. Flores, Indonesien. T. 6 m. L. 9 cm.

Macropharyngodon ornatus. Variation 1. Monte Bellow Islands, WA. Tiefe 15 m. C: Weibchen. Länge 9 cm. D: Männchen. Länge 10 cm.

Macropharyngodon ornatus. Variation 2 (Indischer Ozean). Java, Indonesien. E: Tiefe 15 m. L. 8 cm. F: Tiefe 5 m. L. 10 cm. G: Tiefe 15 m L. 10 cm.

Diamant-Junker
Macropharyngodon bipartitus

Macropharyngodon bipartitus Smith, 1957. Pinta, Mozambique.

Westlicher Indischer Ozean bis zu den Malediven und dem Roten Meer. In an Wirbellosen reichen Riffen in klarem Wasser bis in 30 m Tiefe. Jungfische und Weibchen meistens in kleinen Gruppen mit einem dominanten Männchen in der Nähe. Länge bis zu 13 cm.

A

Macropharyngodon bipartitus. Männchen. Malediven. Tiefe 18 m. Länge 13 cm.

B

C

Macropharyngodon bipartitus. Männchen, Balzfärbung. B: Rotes Meer. Tiefe 23 m. Länge 12 cm. C: Malediven. Tiefe 18 m. Länge 12 cm.

D

E

F

M. bipartitus. Malediven. Tiefe 8–15 m. D: Geschlechtswechsel zum Männchen. L. 10 cm.E: Jungfische. L. 35 mm. F: Weibchen. L. 85 mm.

Blaupunkt-Junker
Macropharyngodon cyanoguttatus

Macropharyngodon cyanoguttatus Randall, 1978.
Mauritius.

Nur vom westlichen Indik, von Süd-Afrika (Natal) bis Réunion und Mauritius bekannt. Auf Geröll-Riffen in 15–50 m Tiefe. Meist in kleinen Gruppen oder Pärchen. Länge bis zu 12 cm.

Macropharyngodon cyanoguttatus. Kwazulu-Natal, Süd-Afrika. Tiefe etwa 20 m. Junges Weibchen. B: Männchen (A und B: Dennis King).

Choats Leoparden-Junker
Macropharyngodon choati

Macropharyngodon choati Randall, 1978.
One Tree Island, Queensland.

Nur von Ost-Australien und Neukaledonien bekannt. Geschützte Innenriffe, meist mit gutem Algen- oder *Sargassum*-Bewuchs. Einige 10 mm große Jungfische wurden bei Sydney zwischen spärlichen Seegräsern in 4–5 m Tiefe gefunden. Diese schöne Art lässt sich leicht an ihrer Zeichnung identifizieren. Männchen mit blassblauer Wange. Länge bis 10 cm.

M. choati. Männchen. Süd-Qld., Australien. Tiefe 8 m. Länge 10 cm.

Macropharyngodon choati. Jungfische. NSW, Australien. B: Sydney. Tiefe 15 m. Länge 25 mm. C: North Solitary I. Tiefe 23 m. Länge 12 und 20 mm.

Macropharyngodon choati. Weibchen. Queensland, Australia. D: Lizard I., Tiefe 6 m. Länge 8 cm. E: Keppel I. Tiefe 8 m. Länge 9 cm.

Macropharyngodon kuiteri. One Tree I., Qld. Tiefe 25 m. Länge 10 cm.

Kuiters Leoparden-Junker
Macropharyngodon kuiteri

Macropharyngodon kuiteri Randall, 1978.
New South Wales, Australien.

Ost-Australien von der Capricorn-Region bis ins nördliche New South Wales. Jungfische auch weit im Süden und in Neukaledonien. Riff-Lebensräume bis in 30 m Tiefe, Adulte meist in mehr als 20 m. Jungfische auf algenbewachsenen Riffen in der Nähe von Sand- und Geröllbereichen. Nahe mit *M. moyeri* und *M. vivienae* verwandt. An der charakteristischen Zeichnung zu identifizieren. Länge bis zu 10 cm.

Macropharyngodon kuiteri. Sydney, NSW, Australien. B: im Aquarium herangewachsenes Männchen. Länge 9 cm. C: Tiefe 10 m. Länge 20 mm.

Macropharyngodon kuiteri. NSW, Australien. D: Seal Rocks. Weibchen im Aquarium. Länge 75 mm. E: Montague I. Tiefe 12 m. Länge 35 mm.

Moyers Leoparden-Junker
Macropharyngodon moyeri

Macropharyngodon moyeri Shepard & Meyer, 1978.
Izu-Halbinsel, Japan.

Nur von den Izu- bis zu den nördlichen Ryuku-Inseln bekannt. Auf veralgten Sand- und Geröllriffen in Tiefen von 5–20 m. Nahe mit *M. kuiteri* verwandt. Männchen sind sich in der Färbung sehr ähnlich. Bis zu 10 cm.

Macropharyngodon moyeri. Kochi, Japan. Tiefe 7 m. A: Weibchen. Länge 8 cm. B: Jungfisch. Länge 50 mm (A und B: Tomonori Hirata).

Viviens Leoparden-Junker
Macropharyngodon vivienae

Macropharyngodon vivienae Randall, 1978. Madagaskar.

Von Madagaskar und der ostafrikanischen Küste von Natal bis Durban bekannt. Verschiedene Rifflebensräume bis in 40 m Tiefe; Adulte meist in Tiefen von mehr als 20 m. Jungfische auf veralgten Riffen in der Nähe von Sand- und Geröllbereichen. Jungtiere und Weibchen mit Augenflecken in Rücken- und Afterflosse. Länge bis zu 11 cm.

M. vivienae. Weibchen. Kwazulu-Natal, Süd-Afrika (Dennis King).

Schwarzer Leoparden-Junker
Macropharyngodon negrosensis

Macropharyngodon negrosensis Herre, 1932. Philippinen.

Im West-Pazifik weit verbreitet, als Larven bis in subtropische Bereiche verdriftet. Tiefe Küstenabhänge mit Weichsubstraten, Riffränder mit Sand und Geröll, meist tiefer als 15 m. Jungfische oft als Pärchen oder lockere Gruppen in Bodennähe. Bewegen sich bei Annäherung in ungewöhnlicher Weise auf und ab, um Fressfeinde zu verwirren. Adulte in kleinen Gruppen. Balzende Männchen metallisch-grün. Bis zu 10 cm.

M. negrosensis. Balzendes Männchen. Flores, Indonesien. Tiefe 20 m. Länge 10 cm.

M. negrosensis. Jungfische. B und C: Kochi, Japan. T. 23 und 26 m. L. 12 und 15 mm (Tomonori Hirata). D: Sydney, Austr. T. 9 m. L. 18 mm.

Macropharyngodon negrosensis. E: Sydney, Australien. T. 10 m. L. 35 mm. F: Bali, Indonesien. Weibchen links, Männchen rechts. Tiefe 20 m.

Macropharyngodon negrosensis. Sydney, Austr. T. 12. L. 45 mm.

M. negrosensis. Kochi, Japan. T. 20 m. L 10 cm (T. Hirata).

Gattung Xenojulis de Beaufort, 1939

Feminin. Typus-Art: *Xenojulis montillai* de Beaufort, durch die Originalbeschreibung (=? *X. margaritacea*). Offensichtlich monotypische Art aus dem West-Pazifik. Die Lebendfärbung aller Populationen ist jedoch nicht bekannt, und die Tiere der Philippinen können eine zweite Art repräsentieren. Erinnert an einige Arten der Gattung *Halichoeres*, scheint aber näher mit *Macropharyngodon* verwandt zu sein. Manche Übereinstimmungen können jedoch als Anpassung an den Lebensraum zwischen Algen entstanden sein.

A

Algen-Junker
Xenojulis margaritacea

Platyglossus margaritaceus Macleay, 1884. Port Moresby, Papua-Neuguinea.

Nördliches Australien und südliches Neuguinea. Wahrscheinlich eine andere Population bei den Philippinen, die sich in ihrer Färbung unterscheidet und bei der es sich wahrscheinlich um *X. montillai* handelt. Die Männchen der Philippinen-Form zeigen einen kleinen, perlförmigen Punkt auf den meisten Schuppen unterhalb der Seitenlinie, so dass der Eindruck von gepunkteten Linien entsteht. *Xenojulis margaritacea* besitzt einen rot gerandeten, unregelmäßigen Längsstreifen, der bei großen Tieren in große Flecke übergehen kann. Weibchen mit mehreren Ocelli in Rücken- und Afterflosse, die vermutlich auch bei Jungfischen vorhanden sind. Diese Fische leben ausschließlich auf dicht mit Algen bewachsenem Geröll, meist in wenigen Metern Tiefe. Lockere Weibchengruppen mit einem dominierenden Männchen. In Westaustralien bis 10 cm, bei den Philippinen bis 12 cm.

B

C

Xenojulis margaritacea. Monte Bellow Islands, West-Australien. Tiefe 2–3 m. A und B: Männchen. Länge 9 cm. C: Weibchen. Länge 85 mm.

Gattung Ophthalmolepis Bleeker, 1862

Feminin. Typus-Art: *Julis lineolatus* Valenciennes, 1838. Monotypische Gattung in gemäßigten bis subtropischen Gewässern Australiens. In Gestalt und Verhalten der Gattung *Coris* sehr ähnlich. Auch in der Färbung besteht eine Übereinstimmung mit manchen *Coris*-Arten. Der Kopf ist jedoch stumpfer und die Zahl der Schuppen ist in den meisten Fällen geringer. *Ophthalmolepis* besitzt 52–56 Schuppen entlang der Seitenlinie, wohingegen die meisten *Coris* 70–90, *Coris pictoides* jedoch 48–50 Schuppen zeigt.

Australischer Junker
Ophthalmolepis lineata

Julis lineolatus Valenciennes, 1838. Victoria, Australien.

Südliche Hälfte Australiens mit Ausnahme Tasmaniens. Felsenriffe mit Algen oder Schwämmen. Erwachsene hauptsächlich an küstenfernen Riffen bis zu einer Tiefe von mindestens 60 m, oft in großer Zahl. Kleine Junge einzeln in Flussmündungen und Häfen zwischen Felsen. In jedem Alter an der Zeichnung zu erkennen. Bis 40 cm.

A

Ophthalmolepis lineolata. Männchen. Mondrain I., West-Australien. Tiefe 25 m. Länge 36 cm.

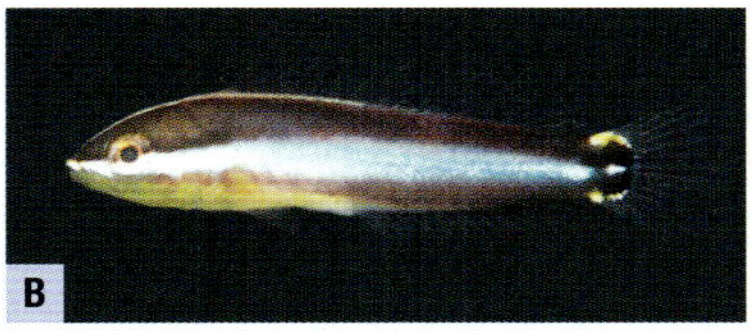

B

C

D

Ophthalmolepis lineata. Jungfische. Sydney, Australien. Tiefen: 5–10 m. Längen: B 23 mm, C 62 mm, D 85 mm.

E

Ophthalmolepis lineolata. Weibchen. Südliches NSW, Australien. Tiefe 20 m. Länge 24 cm.

F

Ophthalmolepis lineolata. Weibchen. Südliches NSW, Australien. Tiefe 25 m. Länge 15 cm.

G

Ophthalmolepis lineolata. Männchen. Südliches NSW, Australien. Tiefe 25 m. Länge 40 cm.

Gattung Coris Lacepède, 1801

Feminin. Typus-Art: *Coris aygula* Lacepède, 1801. Tropische Gattung mit 27 Arten, von denen zwei im Atlantik und Mittelmeer, der Rest im Indo-Pazifik und im Roten Meer vorkommt.

1 *Coris atlantica* Günther, 1862 – Atlantik-Junker (S. 163)
2 *Coris auricularis* (Valenciennes, 1839) – Westlicher Königslippfisch (S. 155)
3 *Coris aurilineata* Randall & Kuiter, 1982 – Goldlinien-Junker (S. 166)
4 *Coris aygula* Lacepède, 1801 – Spiegelfleck-Lippfisch (S. 152)
5 *Coris ballieui* Vaillant & Sauvage, 1875 – Streifen-Junker (nicht abgebildet)
6 *Coris batuensis* (Bleeker, 1856) – Batu-Junker (S. 164)
7 *Coris bulbifrons* Randall & Kuiter, 1982 – Stirnbuckel-Lippfisch (S. 159)
8 *Coris caudimacula* (Quoy & Gaimard, 1834) – Schwanzfleck-Junker (S. 160)
9 *Coris centralis* Randall, 1999 – Zentralpazifik-Junker (nicht abgebildet)
10 *Coris cuvieri* Bennett, 1831 – Afrika-Junker (S. 157)
11 *Coris debuen* Randall, 1999 – Osterinsel-Junker (nicht abgebildet)
12 *Coris dorsomacula* Fowler, 1908 – Zebrastreifen-Junker (S. 161)
13 *Coris flavovittata* Bennett, 1829 – Hawaii-Lippfisch (S. 153)
14 *Coris formosa* (Bennett, 1830) – Bijouteriefisch (S. 158)
15 *Coris gaimard* (Quoy & Gaimard, 1824) – Clown-Junker (S. 156)
16 *Coris hewetti* Randall, 1999 – Hewetts Junker (nicht abgebildet)
17 *Coris julis* (Linnaeus, 1758) – Meerjunker (S. 162)
18 *Coris marquesensis* Randall, 1999 – Marquesa-Junker (nicht abgebildet)
19 *Coris musume* Jordan & Snyder, 1902 – Japanischer Kammjunker (S. 169)
20 *Coris nigrotaenia* Mee & Hare, 1995 – Oman-Lippfisch (S. 163)
21 *Coris picta* (Bloch & Schneider, 1801) – Australischer Kammjunker (S. 168)
22 *Coris pictoides* Randall & Kuiter, 1982 – Zwerg-Junker (S. 167)
23 *Coris roseoviridis* Randall, 1999 – Rapa-Junker (nicht abgebildet)
24 *Coris sandageri* (Hector, 1884) – Östlicher Königslippfisch (S. 154)
25 *Coris schroederii* (Bleeker, 1858) – Schröders Junker (S. 164)
26 *Coris variegata* (Rüppell, 1835) – Flecken-Junker (S. 164)
27 *Coris venusta* Vaillant & Sauvage, 1875 – Eleganter Lippfisch (nicht abgebildet)

Coris bulbifrons. Lord Howe Island, NSW. Australien. Bei der größten Art der Gattung entwickeln die Männchen einen großen Buckel (Gary Bell).

Arten der Gattung *Coris* werden meistens als Junker bezeichnet. Ihre zahlreichen Schuppen sind häufig sehr klein. Vor allem die Jungfische vieler Arten sind kräftig gefärbt. Die Arten sind meistens an ihrer Zeichnung eindeutig zu identifizieren. Viele verändern ihre Färbung während des Wachstums so dramatisch, dass die Jungen in keiner Weise wie die erwachsenen Tiere aussehen. So wie die Gattung heute besteht, ist sie sehr heterogen. Die kleinste Art ist gerade etwas über 10 cm, die größte ungefähr 1 m groß. Einige Arten besiedeln nur ein sehr eingeschränktes Verbreitungsgebiet, wohingegen andere weit verbreitet sind und sich innerhalb dieses Gebietes kaum unterscheiden. Die meisten dieser Arten stammen aus tropischen Gewässern, doch einige Arten kommen auch in subtropischen und gemäßigten Zonen vor. Meistens findet man sie an den Riffkanten über Sand und Geröll, wobei sich oft kleine Gruppen von Weibchen zusammenfinden, während ein Männchen einen großen Riffabschnitt als sein Territorium beansprucht.

Die auffällig gefärbten Jungfische einiger Arten, insbesondere *Coris gaimard* und *C. aygula*, sind im Zoofachhandel gut bekannt. Die attraktiven Fische lassen sich leicht im Aquarium pflegen, werden jedoch leider sehr groß. Während der Entwicklung zum erwachsenen Tier ändern sie ihre Färbung vollständig. Alle *Coris*-Arten vergraben sich im Sand, um nachts zu schlafen oder einer möglichen Gefahr zu entkommen. Um kleine Jungfische erfolgreich aufzuziehen, ist es notwendig, Flächen feinen Sandes zur Verfügung zu stellen. In der Natur bereiten viele dieser Fische derartige Sandflächen gezielt vor, indem sie größere Steinchen entfernen. Manche Arten legen sogar einige dieser Plätze in ihrem Territorium an, um immer einen Zufluchtsort in der Nähe zu haben.

Diese Lippfische fressen eine Vielzahl verschiedener Wirbelloser und nehmen jede Sorte tierischen Futters an. Verschiedene Arten habe ich in den Gewässern vor Sydney als winzige Jungfische gefangen und sie ohne Probleme aufgezogen. Einige der Fische suchen unter der Dekoration nach Futter und können erstaunlich große Steine umdrehen. Auf diese Weise kann man die Tiere bei der Fütterung sehr gut beschäftigen. Obwohl keine dieser Arten als Putzerfisch derartig spezialisiert ist wie die Arten der Gattung *Labroides*, betätigen sich viele Jungfische einen Teil ihrer Zeit als Putzer. Auch erwachsene *Coris* nehmen mehr oder weniger regelmäßig Parasiten als Teil ihrer Nahrung von anderen Fischen auf.

Meiner Meinung nach sind *Coris*-Arten anderen Fischen gegenüber nicht aggressiv und für das Gesellschaftsaquarium gut geeignet. Sie können jedoch aggressiv reagieren, wenn neue Tiere zu einer eingewöhnten Gruppe gesetzt werden, insbesondere wenn es sich um Männchen handelt. Das Hinzusetzen neuer Tiere ist im Meerwasseraquarium immer etwas problematisch. Die Reaktion fällt dabei umso heftiger aus, je näher die zu vergesellschaftenden Arten miteinander verwandt sind.

Coris picta. Montague Island, NSW, Australien. Tiefe 25 m. Große Jungfische und Weibchen, die *Chromis hypsilepis* putzen.

Spiegelfleck-Lippfisch – Coris aygula

Coris aygula Lacepède, 1801. Mauritius.

Im Indik und West-Pazifik weit verbreitet, scheint jedoch in Flores- und Banda-See zu fehlen. Als Jungfische bis in subtropische Bereiche. Einige Unterschiede bei Lokalformen, besonders zwischen dem Roten Meere und dem restlichen Indo-Pazifik. Auf geschützten algenbewachsenen Felsriffen oder zwischen spärlichem Korallenbewuchs; oft auf flachen Riffen, wo sich die Jungen zwischen Geröll aufhalten. Jungfische fast weiß mit Augenflecken auf der Rückenflosse, die auf dem Körper in orangefarbige Flecke übergehen. Bis zu 60 cm.

A

Coris aygula. Rowley Shoals, West-Australien. Tiefe 10 m. Länge 45 cm.

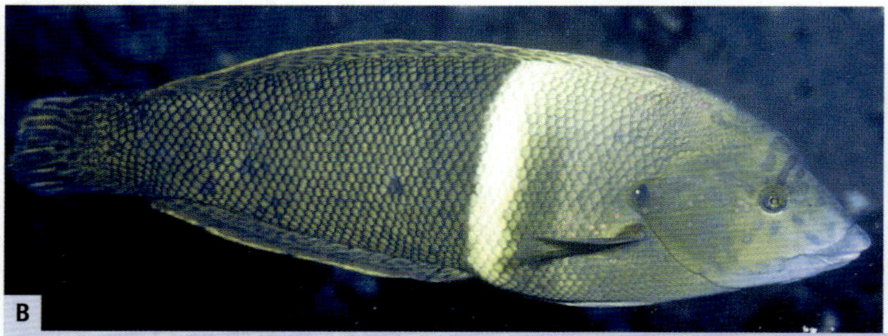

B

C

Coris aygula. NSW, Australien B: Solitary Isl. Tiefe 10 m. Länge 40 cm. C: Sydney. T. 10 m. L. 30 mm.

D

Coris aygula. Solitary Isl. Tiefe 10 m. Länge 14 cm.

E

Coris aygula. Iriomote, Japan. Tiefe 10 m. Länge 10 cm.

F

Coris aygula. Rowley Shoals, WA. T. 10 m. L. 10 cm.

G

Coris aygula. Männchen. Iriomote Isl., Japan. Tiefe 6 m. Länge 50 cm.

Coris aygula. Variation. Ägypten, Rotes Meer. Tiefe 3–15 m. Längen: H 25 mm, I 10 cm, J 16 cm, K 24 cm, L 35 cm, M 50 cm.

Hawaii-Lippfisch – Coris flavovittata

Coris flavovittata Bennett, 1828. Hawaii.

Auf die Region von Hawaii beschränkt. Auf Sand und Geröll in Riffnähe. Jungtiere mit schmalen weißen Linien, die sich bei Weibchen mit schwarzen Linien abwechseln. Männchen wechseln zu fleckiger Zeichnung; grün, blassblau und gelb mit dunkler Schwanzflosse. Länge bis zu 18 cm.

Coris flavovittata. Midway, Hawaii. A: Anfangsphase, Weibchen. B: Endphase, Männchen. Länge etwa 18 cm (Kendall Clements).

Östlicher Königslippfisch – Coris sandageri

Cymolutes sandeyeri Hector, 1884. Neuseeland.

Neuseeland bis Norfolk-Inseln und subtropisches Ost-Australien. Auf küstennahen und -fernen Riffen mit Algenbewuchs und Sand. Weibchen in kleinen Gruppen. Männchen bewachen große Riffabschnitte, meistens in 20–40 m Tiefe. Jungfische eher im Flachwasser. Die Längsstreifen werden im Verlauf des Wachstums durch Querstreifen ersetzt. Länge bis zu 45 cm.

A

Coris sandageri. Napier Aquarium, Neuseeland. Länge 40 cm.

B

Coris sandageri. Weibchen. Sydney, NSW, Australien. T. 5 m. L. 25 cm.

C

Coris sandageri. *Weibchen.* Südliches NSW, Australien. T. 25 m. L. 32 cm.

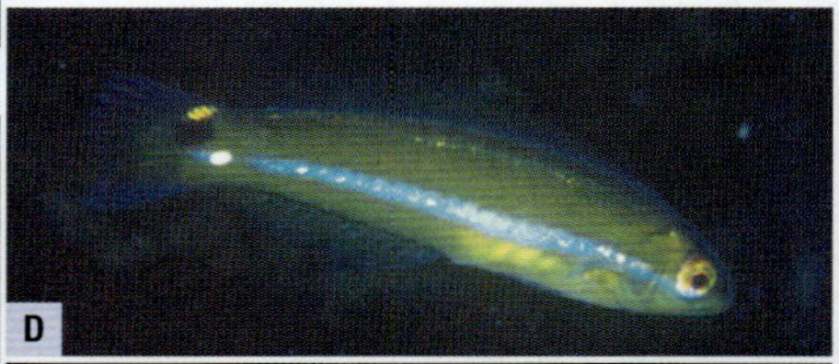

D

E

F

C. sandageri. Jungfische. NSW, Australien.
D und E: Montague Isl. T. 20 m. E: Sydney. Tiefe 7 m.
Längen: D 25 mm, E 45 mm, F 60 mm.

G

Coris sandageri. Männchen. Montague Isl., NSW, Australien. Tiefe. 20 m. L. 42 cm.

Westlicher Königslippfisch – C. auricularis

Julis auricularis Valenciennes, 1839.
King Georges Sound, West-Australien.

Südwestliches Australien. Küstennahe und -ferne mit Algen oder Schwämmen bewachsene Riffe mit Sandflächen. Tiefe bis etwa 45 m. Jungfische mit breiten, Weibchen mit schmalen Längsstreifen. Männchen mit dunklem Querstreifen in Körpermitte und weißem Fleck davor im Bauchbereich. Länge bis zu 32 cm.

C. auricularis. A und B: Jungfische. Cockburn Sound, WA. Tiefe 5 m. Länge 50 mm. C: Weibchen. Eagle Bay, WA. Tiefe 4 m. Länge 12 cm.

Coris auricularis. Männchen. Canal Rocks, WA. Tiefe 15 m. Länge 30 cm.

Coris auricularis. Weibchen. Canal Rocks, WA. Tiefe 15 m. Länge 22 cm.

Coris auricularis. Männchen. Balzfärbung. Canal Rocks, WA. Tiefe 15 m. Länge 30 cm.

Pazifischer Clown-Junker – Coris gaimard

Julis gaimard Quoy & Gaimard, 1824.
Hawaii.

Im West-Pazifik weit verbreitet. Ähnliche Arten im Indischen Ozean. Verschiedene Riff-Lebensräume von flachen Felssubstraten in Küstennähe bis zu tief gelegenen Sandflächen. Jungtiere leicht an der auffälligen Färbung zu erkennen. Weibchen mit hellgelber Schwanzflosse. Länge bis zu 30 cm.

C. gaimard. Bali, Indonesien. Tiefe 6 m. A: Männchen. L. 30 cm. B: Weibchen. L. 24 cm.

C. gaimard. Jungfische. D: Mabul, Malaysia. T. 10 m. L. 25 mm. E: Sydney, Australien. Tiefe 7 m. L. 30 mm. F: Rowley Shoals, WA. T. 10 m. L. 10 cm.

Coris gaimard. Kerama, Japan. Tiefe 12 m. Länge 12 cm.

Coris gaimard. Balzendes Männchen. Tulamben, Bali. Tiefe 6 m. Länge 30 cm.

Afrika-Junker – Coris cuvieri

Julis cuvieri Bennett, 1831. Mauritius.

Im Indischen Ozean weit verbreitet, im Osten bis nach Java. Nahe mit *Coris gaimard* (grenzt im Pazifik an das Verbreitungsgebiet an und wurde früher als Unterart angesehen) verwandt. Das Verbreitungsgebiet beider Arten überlappt sich an der Nordküste Javas. Küstennahe und -ferne Riffe. Kleine Jungfische auf exponiereten Riffflächen mit Geröll und Algen. Bis zu 35 cm.

D

A

E

Coris cuvieri. Männchen. Malediven. Tiefe 12 m. Länge 34 cm.

B

F

Coris cuvieri. Ägypten, Rotes Meer. Tiefe 20 m. Länge 26 cm.

C

Coris cuvieri. A: Jungfisch. Java. Tiefe 10 m. Länge 7 cm. B und C: Weibchen. Malediven. Tiefe 24 m. Längen: B 12 cm, C 24 cm.

G

Coris cuvieri. Weibchen. Pulabuhan Ratu, Java. Tiefe 20 m. Länge 20 cm.

H

Coris cuvieri. Männchen. Balzfärbung. Malediven. Tiefe 12 m. Länge 34 cm.

Indischer Clown-Junker – Coris formosa

Labrus formosus Bennett, 1830. Sri Lanka.

Westlicher Indischer Ozean, östlich bis zu den Malediven und Sri Lanka. Auf Geröll oder in Riffnähe. Erwachsene meist in mittleren Tiefen von 20 m oder mehr, Jungfische auf Riffflächen zwischen Geröll. Jungtiere ähnlich denen von *C. cuvieri*, aber mit schwarzen Brust- und Afterflossen und einem augengroßen schwarzen Fleck in der Rückenflosse. Erwachsene mit charakteristischem Zeichnungsmuster. Länge bis 50 cm.

Coris formosa. Malediven. T. 25 m. A: L. 14 cm. B: L. 22 cm. C: L. 35 cm.

C. formosa. Jungfische. D: Malediven. Tiefe 6 m. Länge 45 mm. E: Malediven. Tiefe 7 m. Länge 8 cm (Rob Myers). F: Oman. Tiefe 15 m. Länge 11 cm (Phil Woodhead).

Coris formosa. Männchen. Malediven. Tiefe. 30 m. Länge 45 cm.

Stirnbuckel-Junker – C. bulbifrons

Coris bulbifrons Randall & Kuiter, 1982. Lord Howe Island, NSW. Australien.

Lord-Howe- und Norfolk-Inseln bis zur Küste von NSW. Geschützte Riffe und Lagunen. Größte Art der Gattung *Coris*. Länge mindestens 1 m; es sollen schon 1,4 m lange Tiere beobachtet worden sein.

A

B

C

C. bulbifrons. Jungfische aus Sydney, gesammelt in 5–8 m. Im Aquarium. Längen: A 25 mm, B 35 mm, C 65 mm.

D

Coris bulbifrons. Männchen. Lord Howe Island, NSW. Australien. T. 10 m. L. 1 m (Gary Bell).

E

C. bulbifrons. Aus Sydney, gesammelt in 5 m Tiefe. Im Aquarium auf 20 cm herangewachsen..

F

Coris bulbifrons. Männchen. Lord Howe Island, NSW. Australien. Tiefe 10 m. Länge 1 m. Gary Bell.

Schwanzfleck-Junker
Coris caudimacula

Julis caudimacula Quoy & Gaimard, 1834. Mauritius.

Westlicher Indischer Ozean, Rotes Meer und Australien in verschiedenen separaten Populationen. Nur geringe Unterschiede zwischen den Lokalformen, doch die westaustralische zeigt in allen Altersstufen ein leicht abweichendes Farbmuster. Meist am Übergang vom Riff zu Sandflächen in Tiefen von über 10 m. Jungfische und Weibchen im selben Teil des Riffs, die Weibchen in kleinen lockeren Gruppen. Meist ein regelmäßig vorbeischwimmendes Männchen, das jedes Weibchen der Gruppe kurz anbalzt. Die Art ist an ihrer Zeichnung eindeutig zu identifizieren. Länge bis zu 20 cm.

Coris caudimacula. Ägypten, Rotes Meer. Tiefe 10–20 m. A–C: Männchen. Länge 16–20 cm (B am größten). D: Weibchen. Länge 14 cm.

Coris caudimacula. Monte Bellow Islands, West-Australien. Tiefe 16 m. E: Weibchen. Länge 12 cm. F: Jungfisch. Länge 55 mm.

Coris caudimacula. Balzendes Männchen. Monte Bellow Islands, West-Australien. Tiefe 16 m. Länge 16 cm.

Zebrastreifen-Junker
Coris dorsomacula

Coris dorsomacula Fowler, 1908.
Victoria (= Kimberleys), Nord-West-Australien.

Im westlichen Pazifik weit verbreitet, als Erwachsene bis in subtropische Bereiche. Küstennahe und -ferne Riffränder und -einschnitte, vorzugsweise felsige Substrate mit Sandflächen von 3–30 m. Jungfische oft auf veralgtem Geröll. Körper der Erwachsenen grünlich mit rosa Längslinien und weißen Querstreifen. Bis 20 cm.

A

Coris dorsomacula. Männchen. Bali, Indonesien. Tiefe 10 m. Länge 18 cm.

B

C

D

E

C. dorsomacula. NSW, Australien. B–D: Sydney. Tiefen 5–10 m. Längen 30–60 mm. E: Montague Island. Tiefe 22 m. Länge 10 cm.

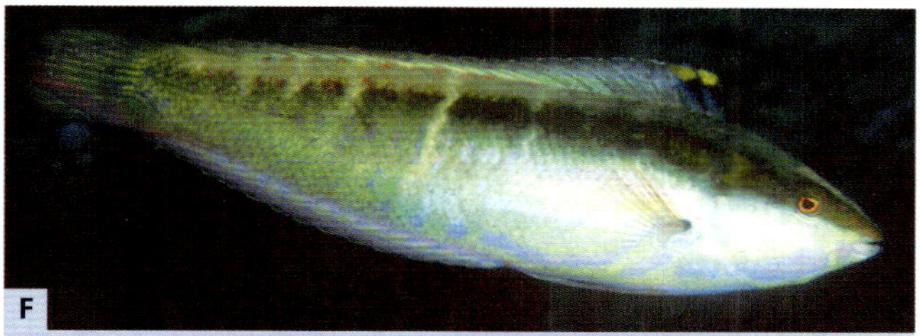

F

Coris dorsomacula. Männchen. NSW, Australien. Tiefe 20 m. Länge 18 cm.

G

Coris dorsomacula. Männchen. Izu, Japan. Tiefe 10 m. Länge 18 cm.

H

Coris dorsomacula. Weibchen. NSW, Australien. Tiefe 24 m. Länge 12 cm.

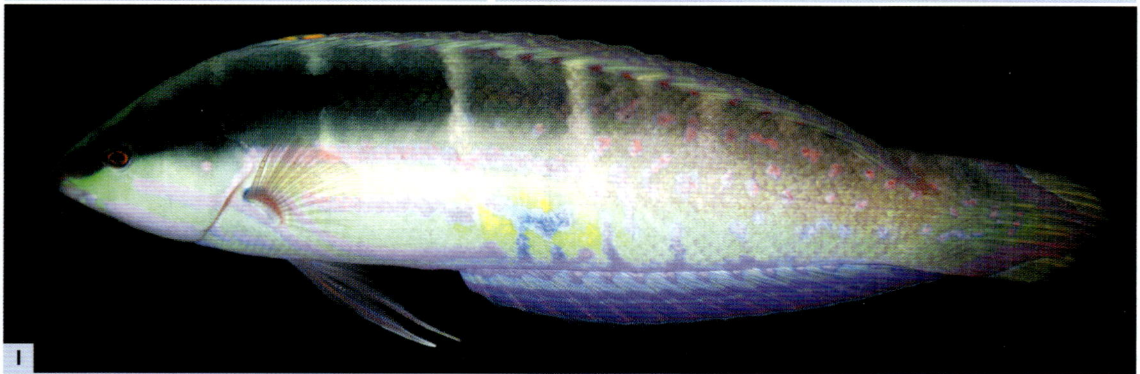

I

Coris dorsomacula. Männchen. Sydney, NSW, Australien. Tiefe 10 m. Länge 18 cm.

A

Coris julis. Männchen. Costa Blanca. Tiefe 10 m. Länge 18 cm (Helmut Debelius).

Meerjunker – Coris julis

Labrus julis Linnaeus, 1758. Genua, Italien.

Mittelmeer, Schwarzes Meer und östlicher Atlantik von Schweden im Norden, den Azoren im Westen und Port Gentil in Afrika im Süden. Hauptsächlich auf flachen veralgten Riffen und in Seegras-Lebensräumen, manchmal in großen Gruppen, bei denen die Weibchen deutlich überwiegen. Männchen sind an dem roten Längsstreifen und dem Fleck über dem Bauch zu erkennen. Länge der Männchen bis 25 cm, die der Weibchen bis 18 cm.

B

C

Coris julis. Weibchen. Mittelmeer. B: Aquarium, Deutschland. Länge 16 cm. C: Länge 14 cm (Helmut Debelius).

D

Coris julis. Männchen. Aquarium, Deutschland. Länge 22 cm.

E

Coris julis. Männchen und Weibchen mit einigen *Thalassoma pavo.* Mittelmeer. Tiefe 10 m (Helmut Debelius).

Atlantik-Junker – Coris atlantica

Coris atlantica Günther, 1862. Sierra Leone.

Östlicher Atlantik von den Kapverden bis nach Portugal. Auf mit Algen und Schwämmen bewachsenen Riffen in bis zu 50 m Tiefe. Soll auch in 120 m Tiefe vorkommen. Mit dem bekannteren *Coris julis* verwechselt oder als Farbvariation betrachtet worden. Männchen sind an dem kammartigen, Jungfische und Weibchen am schwarzen Mittelstreifen zu erkennen. Länge bis zu 24 cm.

A

Coris atlantica. Männchen. Portugal. Tiefe 15 m. Länge 18 cm (Phil Woodhead).

B

C

D

Coris atlantica. Portugal. Tiefe 10 m. Längen: B 45 mm, C 16 cm, D 11 cm (Phil Woodhead).

Oman-Junker
Coris nigrotaenia

Coris nigrotaenia Mee & Hare, 1995. Oman.

Scheint in der südlichen Region Omans endemisch zu sein. Auf Felsenriffen, oft in der Brandungszone. Jungfische in veralgten Lebensräumen, meist wie die Algen gefärbt. Zusätzlich große weiße Flecke. Weibchen mit dunklem Querstreifen über dem Bauch, der bei großen Tieren zu einem Fleck reduziert wird. Männchen sehen ähnlich wie große Weibchen aus, weisen aber nicht diesen Fleck auf und sind mehr bläulich gefärbt. Länge bis zu 40 cm.

Coris nigrotaenia. Weibchen. Oman. Tiefe 15 m. Länge 30 cm (Phil Woodhead).

A

Coris variegata. Ägypten, Rotes Meer. Tiefe 20 m. Länge 12 cm (Helmut Debelius).

B

Coris variegata. Rotes Meer. Tiefe 20 m. Länge 14 cm (Jerry Allen).

Flecken-Junker
Coris variegata

Halichoeres variegatus Rüppell, 1835.
Rotes Meer.

Endemisch im Roten Meer. Der Name wird oft fälschlicherweise für *Coris schroederi* benutzt, die indopazifische Schwesterart. Auf Sand und Geröll in Riffnähe, meist in Tiefen von 15 m oder mehr. Blasse sandfarbige Art mit einigen dunklen und roten Flecken. Jungfische mit zwei Augenflecken in der Rückenflosse, die mit dem Alter verschwinden. Der in der Mitte der Flosse gelegene kann als kleiner schwarzer Fleck erhalten bleiben. Männchen und Weibchen sind sehr ähnlich, anders als bei den meisten Lippfischen. Meist einzeln oder in kleinen lockeren Gruppen anzutreffen, die sich in der Nähe des Substrates aufhalten. Länge bis zu 14 cm.

Coris batuensis. Holotyp von Batu. Länge 15 cm. Nach Bleeker.

Batu-Junker – Coris batuensis

Julis (*Halichoeres*) *batuensis* Bleeker, 1856.
Batu Islands, Indonesien.

Nur vom Typus-Exemplar her bekannt. Die Gegend des Locus typicus vor der Küste von West-Sumatra ist jedoch relativ wenig erforscht. Verschiedene andere Lippfische (*Cirrhilabrus adornus, Halichoeres kallochroma*) sind ebenfalls vor allem aus dieser Gegend bekannt. Die Art zeigt die gleichen meristischen Werte wie *Coris schroederi*, ist jedoch schlanker (Höhe fünf statt vier Mal in der Länge enthalten). Länge 15 cm.

A

Coris schroederii. Männchen. Bali, Indonesien Tiefe 10 m. Länge 12 cm.

Schröders Junker
Coris schroederii

Julis (*Halichoeres*) *schroederii* Bleeker, 1858.
Ambon.
Im Indik und West-Pazifik weit verbreitet; Farbunterschiede zwischen Indik und Pazifik. Im Roten Meer von *C. variegata* ersetzt. Küstennahe Riffflächen sowie sandige Lagunen. Grünlich mit rosa Flecken bei dunklem Substrat. Auf weißem Sand sehr hell. Große Männchen verlieren Rückenflossen-Flecke. Bis 17 cm.

B

Coris schroederii. Weibchen. PNG. Tiefe 16 m. Länge 10 cm.

C

Coris schroederii. Sydney, Australien. Tiefe 5 m. Länge 45 mm.

Coris schroederii. D: Sydney, Australien. Tiefe 5 m. Länge 55 mm. E: Okinawa, Japan. Tiefe 9 m. Länge 13 cm (Tomonori Hirata).

Coris schroederii. F: Malediven. Tiefe 3 m. Länge 35 mm. G: Java, Indonesien. Tiefe 5 m. Länge 12 cm.

Coris schroederii. Variation. Malediven. Tiefe 6–9 m. Längen: H 45 mm, I 12 cm. J 16 cm.

A

Goldlinien-Junker
Coris aurilineata

Coris auriliniata Randall & Kuiter, 1982. Queensland, Australien.

Nur von der australischen Ostküste von Keppel Island bis Bass Point. Auf flachen felsigen und mit Algen bewachsenen Riffen und Häfen bis etwa 10 m Tiefe. Adulte in kleinen Gruppen, die über große Riffbereiche wandern. Jungfische einzeln zwischen Algen versteckt. Färbung ähnelt der der *Halichoeres*-Arten. An den kleineren und zahlreicheren Schuppen zu unterscheiden. Bis 14 cm.

B

C

Coris aurilineata. Keppel Isl., Qld., Australien. Tiefe 5 m. A: Männchen, Länge 14 cm. B: Weibchen, Länge 12 cm. C: Jungfisch, Länge 55 mm.

D

E

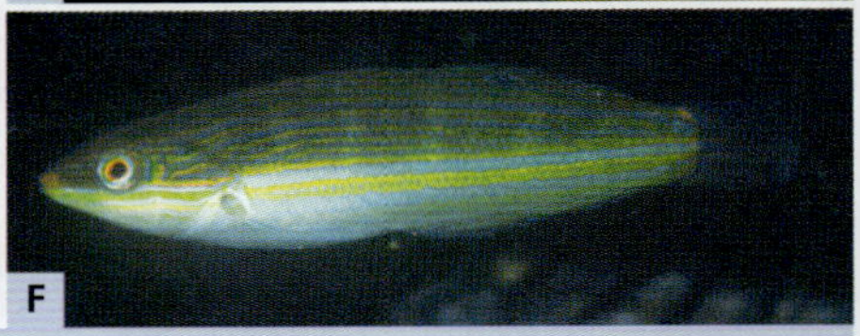

F

Coris aurilineata. NSW, Australien. D: Bass Point. T. 10 m. L. 75 mm. E: Sydney. T. 6 m. L. 50 mm. F: Seal Rocks. T. 4 m. L. 10 cm.

G

Coris aurilineata. Männchen. Hafen von Sydney, Australien. Tiefe 6 m. Länge 12 cm.

Zwerg-Junker
Coris pictoides

Coris pictoides Randall & Kuiter, 1982.
Tioman Island, Malaysia.

Im West-Pazifik weit verbreitet. Kommt bis in subtropische Bereiche vor, doch die Population im Osten Australiens weicht in der Farbe ab. Riffabhänge und tiefe Lagunen. In kleinen Gruppen über sandigen oder schlammigen Substraten entlang der Riffränder. Dringt auch in flache Flussmündungen ein. Leicht an der Färbung und den kleinen Schuppen zu erkennen. Länge im Allgemeinen bis zu 11 cm.

A

Coris pictoides. Männchen. Flores, Indonesien. Tiefe 20 m. Länge 10 cm.

B

C

Coris pictoides. Monte Bellos, WA. B: Jungfisch. Tiefe 9 m. Länge 20 mm. C: Weibchen. Tiefe 12 m. Länge 75 mm.

D

Coris pictoides. Männchen. Bali, Indonesien. Tiefe 6 m. Länge 11 cm.

E

Coris pictoides. Sydney. Jungfisch, im Aquarium aufgewachsen. Länge 45 mm.

F

Coris pictoides. Männchen. Keppel Island, Queensland, Australien. Tiefe 7 m. Länge 11 cm.

Australischer Kamm-Junker – C. picta

Coris picta Bloch & Schneider, 1801.
New South Wales, Australien.

Subtropisches Ost-Australien bis südliche Coral Sea und nördliches Neuseeland. Verbreitet in New South Wales. Auf Sand und Geröll an Riffrändern, als Erwachsene in kleinen Gruppen. Jungfische einzeln unter Überhängen und in Spalten. Nimmt in jedem Alter Putzerfisch-Funktion ein. An der schwarz-weißen Zeichnung und der gelben Schwanzflosse der erwachsenen Tiere zu erkennen. Bis 24 cm.

A

Coris picta. Weibchen. Montague Island, NSW, Australien. Tiefe 16 m. Länge 22 cm.

B

C

Coris picta. Balzende Männchen. Seal Rocks, NSW, Australien. Tiefe 12 m. Länge 24 cm.

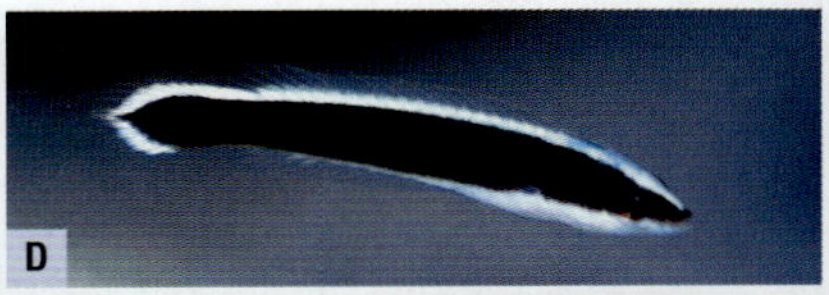

D

E

F

G

Coris picta. Jungfische. NSW, Australien.
Längen: D 12 mm, E 35 mm, F 65 mm, G 10 cm.

H

Coris picta. Weibchen. Montague Island, New South Wales, Australien. Tiefe 25 m. Länge 15–22 cm.

I

Coris picta. Weibchen und balzendes Männchen (Mitte). Montague Island, NSW, Australien. Tiefe 25 m. Länge 15–24 cm.

Japanischer Kamm-Junker – C. musume

Julis musume Jordan & Snyder, 1904. Japan.

Subtropisches Japan, im Süden bis West-Taiwan. Felsige Substraten mit Sand, Geröll und niedrigem Algenbewuchs. Jungfische sind aktive Putzer; Adulte putzen gelegentlich große pelagische Fische. In jedem Alter an der Zeichnung zu erkennen. Nahe mit *C. picta* aus Australien und Neuseeland verwandt. Bis 24 cm.

A

Coris musume. Toba Aquarium, Japan. Länge 12 cm.

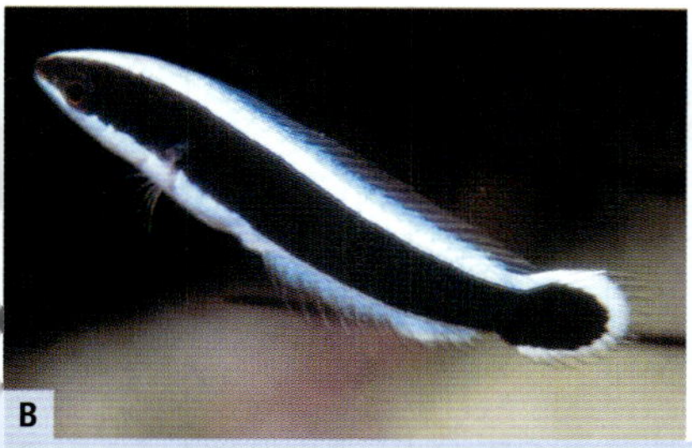

B

C

Coris musume. Kochi, Japan. B: Jungfisch. Tiefe 20 m. Länge 4 cm. G: Weibchen. Tiefe 52 m. Länge 20 cm (F und G: Tomonori Hirata).

D

E

Coris musume. Japan. D: Oshima. Jungfisch. Tiefe 35 m. Länge 5 cm. E: Izu-Halbinsel. Balzendes Männchen. Tiefe 30 m. Länge 24 cm.

F

G

Coris musume. Kochi, Japan. F: subadult. Tiefe 25 m. Länge 7 cm. G: Männchen. Tiefe 52 m. Länge 25 cm (F und G: Tomonori Hirata).

Gattung Hologymnosus Lacepède, 1801

Maskulin. Typus-Art: *Hologymnosus fasciatus* Lacepède, 1801 (= *H. doliatus*). Eine kleine indopazifische Gattung mit vier Arten, von denen zwei mit einigen Lokalformen weit verbreitet sind, die anderen beiden jedoch auf den West-Pazifik beschränkt sind.

1 *Hologymnosus annulatus* (Lacepède, 1801) – Gestreifter Hechtlippfisch (S. 173)
2 *Hologymnosus doliatus* (Lacepède, 1801) – Weißbauch-Hechtlippfisch (S. 172)
3 *Hologymnosus longipes* (Günther, 1862) – Schlanker Hechtlippfisch (S. 171)
4 *Hologymnosus rhodonotus* Randall & Yamakawa, 1982 – Roter Hechtlippfisch (S. 171)

Die Arten ähneln denen der Gattung *Coris*, sind jedoch gestreckter und besitzen eine weitaus größere Schuppenzahl. Man findet sie über Sand- und Geröllflächen in Riffnähe, wo sie als Jungfische oft kleine Gruppen bilden und auf der Suche nach kleinen Wirbellosen dicht über dem Substrat schwimmen. Weibchen halten sich oft in der Nähe anderer Fische auf, die bei der Nahrungssuche Kleintiere aufstöbern (etwa Barben und Schnapper), und bilden lose Gruppen. Meistens beansprucht ein einzelnes Männchen einen größeren Riffbereich für sich und verjagt dort alle anderen Männchen. Die Weibchen-Gruppen besucht es in regelmäßigen Abständen und zeigt dabei für einen Moment seine Balzfärbung. Jungfische findet man außerhalb des Verbreitungsgebietes bis in subtropische Bereiche, was auf ein langes pelagisches Stadium hindeutet. Jungfische sind nach dem Larvenstadium etwa 24 mm lang, was verglichen mit den oft nur 20 mm langen *Halichoeres* und *Macropharyngodon* des gleichen Stadiums recht groß ist.

Jungfische lassen sich leicht im Aquarium pflegen und nehmen alle Arten tierischen Futters an. Sie benötigen offenen Schwimmraum und feinen Sand, in den sie sich nachts eingraben können. Sie wachsen zu mittlerer Größe heran und lassen sich gut im Gesellschaftsaquarium pflegen.

Hologymnosus doliatus, die Typus-Art der Gattung. Männchen in Balzfärbung. Bali, Indonesien.

Die Balzfärbung der Männchen enthält leuchtende Blau-, Gelb- und Grüntöne. Der weiße Balken kann kurzfristig „angeschaltet" werden. Die Art ist im Indik und West-Pazifik weit verbreitet und zeigt an verschiedenen Orten kaum Abweichungen in der Zeichnung. Eine andere weit verbreitete Art der Gattung, *H. annulatus*, zeigt im Roten Meer und im westlichen Indik einen weißen Balken über dem After, der bei der West-Pazifik-Form durch einen weißen Schwanzstiel ersetzt wird.

Roter Hechtlippfisch – H. rhodonotus

Hologymnosus rhodonotus Randall & Yamakawa. 1988. Okinawa, Japan.

West-Pazifik, Japan bis zum nordwestlichen Australien. Vereinzelte Exemplare bei den Philippinen und entlang der Wallace-Linie beobachtet. Vor allem auf tiefen Abhängen mit Algen, Korallen und Geröll. Jungfische zeigen fünf rote Längsstreifen. Adulte meist rot mit „Ohrenfleck", auf der Bauchseite weißlich. Länge bis zu 32 cm.

A

H. rhodonotus. Kochi, Japan. Tiefe 25 m. Länge 13 cm (Tomonori Hirata).

B

H. rhodonotus. Kochi, Japan. T. 25 m. L. 10 cm (T. Hirata).

C

H. rhodonotus. Hibernia R., WA. T. 30 m. L. 8 cm (Jerry Allen).

D

Hologymnosus rhodonotus. Hibernia Reef, WA. Tiefe 30 m. Länge 15 cm (Jerry Allen).

Schlanker Hechtlippfisch – H. longipes

Coris longipes Günther, 1862. Vanuatu.

Coral Sea und Great Barrier Reef bis zu den Fiji-Inseln, Jungfische auch südlich bis Montague Island, NSW. Klare ozeanische Gewässer, über Geröll und Sand in Riffnähe. Bis etwa 30 m Tiefe. Oft kleine Gruppen mit anderen Arten der Gattung. Jungfische zeigen drei rote Längsstreifen. Adulte mit dunklem Mittelstreifen, Männchen mit augengroßem dunklem Fleck unter dem hartstrahligen Teil der Rückenflosse. Länge bis zu 38 cm.

A

B

C

Hologymnosus longipes. Montague Island, NSW. Tiefe 15 m. Länge 35 mm.

Weißbauch-Hechtlippfisch – H. doliatus

Labrus doliatus Lacepède, 1801. Mauritius.

Im Indik und westlichen Pazifik weit verbreitet, bis hinein in subtropische Bereiche. Küstennahe und -ferne Riffe, meist an Hängen, Adulte an Drop-Offs. Kleine Jungfische in Geröllbereichen, die in Sandflächen übergehen. Jungfische und Weibchen meistens in kleinen Gruppen. Männchen einzeln und Territorial; nehmen große Teile des Riffs für sich in Anspruch. Bis 35 cm.

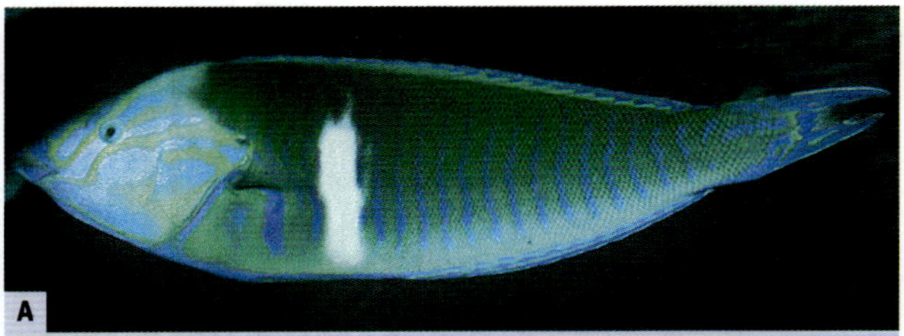
A

H. doliatus. Balzendes Männchen. Flores, Indonesien. Tiefe 20 m. Länge 30 cm.

B

Hologymnosus doliatus. Malediven. Tiefe 25 m. Länge 14 cm.

C

H. doliatus. Sydney, Australien. T. 10 m. L. 35 mm.

D

Hologymnosus doliatus. Weibchen. NSW, Australien. Tiefe 22 m. Länge 24 cm.

E

Hologymnosus doliatus. Weibchen. Flores, Indonesien. Tiefe 15 m. Länge 28 cm.

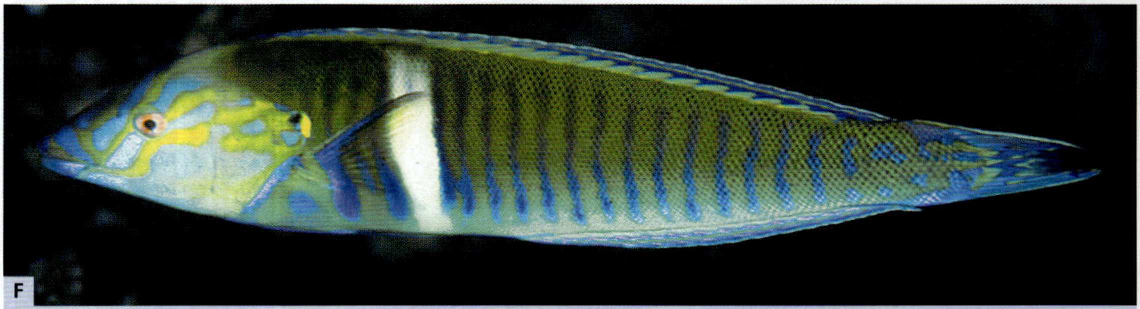
F

Hologymnosus doliatus. Männchen in Balzfärbung. Bali, Indonesien. Tiefe 25 m. Länge 30 cm.

Gestreifter Hechtlippfisch – H. annulatus

Labrus annulatus Lacepède, 1801. Indopazifik.

Indik und westlicher Pazifik, bis in subtropische Bereiche. Zwei Farbformen, eine davon Im Indik und dem Roten Meer, die andere im Pazifik. Sand- und Geröllflächen auf küstennahen und -fernen Riffdächern. Weibchen fast schwarz, Männchen grünlich mit blauem Gesicht. Indik-Form mit weißem Band in Körpermitte; Pazifik-Form zeigt bei der Balz einen weißen Schwanzstiel. Länge bis zu 40 cm.

A
Hologymnosus annulatus. Kerama, Japan. Tiefe 25 m. Länge 35 cm.

B
H. annulatus. Sydney, Australien. T. 25 m. L. 45 mm.

C
Hologymnosus annulatus. Flores, Indonesien. Tiefe 10 m. Länge 20 cm.

D
H. annulatus. Männchen. Bali. T. 25 m. L. 38 cm.

E

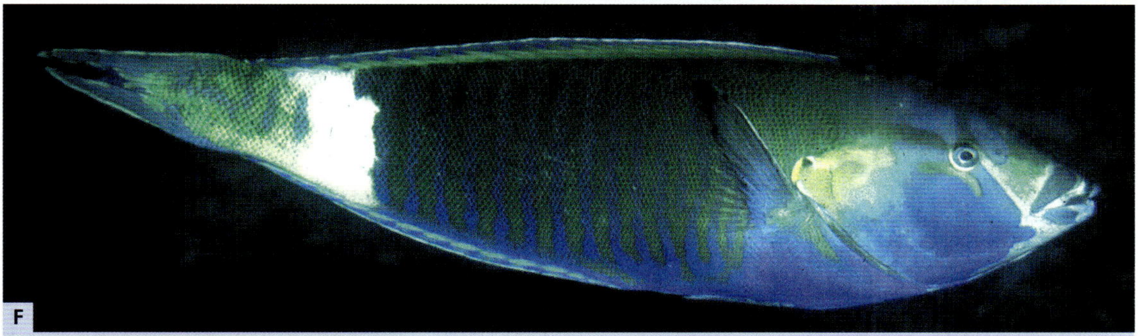
F
Hologymnosus annulatus. Muiron Island, West-Australien. Tiefe 9 m. E: Weibchen. Länge 30 cm. F: Männchen in Balzfärbung. Länge 40 cm.

G
Hologymnosus cf. *annulatus.* Variation. Männchen in Balzfärbung. Ägypten, Rotes Meer. Tiefe 20 m. Länge 35 cm.

Gattung Pseudocoris Bleeker, 1862

Feminin. Typus-Art: *Julis* (*Halichoeres*) *heteropterus* Bleeker, 1857. Eine kleine indopazifische Gattung mit fünf Arten, von denen zwei weit verbreitet und drei auf den West-Pazifik beschränkt sind.

1 *Pseudocoris aurantiofasciata* Fourmanoir, 1971 – Rost-Junker (S. 178)
2 *Pseudocoris bleekeri* (Hubrecht, 1876) – Gelbband-Junker (S. 176)
3 *Pseudocoris heteroptera* (Bleeker, 1857) – Torpedo-Junker (S. 177)
4 *Pseudocoris ocellata* Chen & Shao, 1995 – Taiwan-Torpedo-Junker (nicht abgebildet)
5 *Pseudocoris yamashiroi* (Schmidt, 1930) – Yamashiros Junker (S. 175)

Die Arten ähneln zwar denen der Gattung *Coris*, doch die erwachsenen Tiere lassen sich an ihrer sichelförmigen Schwanzflosse erkennen. Als Folge der Zooplankton-Aufnahme im Freiwasser neigen die Fische eher dazu, Schulen zu bilden. Männchen bilden dabei eigene Gruppen, wohingegen Weibchen sich unter andere planktivore Arten mischen. Die meisten Arten können ihre Färbung wechseln, wenn sie vom Grund ins Freiwasser aufsteigen. Dabei verlieren Jungfische und Weibchen oft ihre Streifen und Linien und zeigen eine sehr einfache Färbung. Die Männchen von *Pseudocoris bleekeri* präsentieren einen hellgelben Fleck, um den Zusammenhalt der Gruppe zu gewährleisten, ähnlich wie es einige planktivore *Cirrhilabrus*-Arten und Füsiliere tun.

Über die Aquarienhaltung der meisten Arten ist wenig bekannt. Sie besitzen ein kleines Maul und sind recht scheu. Vermutlich kann man sie in der Gesellschaft anderer kleiner planktivorer Fische halten, etwa *Anthias*- und *Cirrhilabrus*-Arten. Die *Pseudocoris*-Arten benötigen Sandflächen, um sich nachts einzugraben.

Pseudocoris yamashiroi. Gruppe kleiner Jungfische. Bali, Indonesien.
Die am meisten verbreitete Art der Gattung. Die pelagischen Larven werden durch Strömungen verdriftet und können sich auf Substraten subtropischer Bereiche außerhalb der Laichgebiete niederlassen.

Yamashiros Junker – P. yamashiroi

Julis yamashiroi Schmidt, 1931. Okinawa, Japan.

Im Indik und West-Pazifik bis in subtropische Bereiche weit verbreitet. Küstenabhänge bis Außenriffe auf Geröll- und Sandflächen mit Weichkorallen von 6 m Tiefe an. Oft auf Sandflächen mit vereinzelten Felsen in etwa 20 m. Adulte bilden verschieden große Schulen, um im freien Wasser Zooplankton zu fressen. Jungfische in Gruppen in Riffnähe, meist in Tiefen von 10–20 m, ernähren sich von Mysiden. Länge bis zu 16 cm.

Pseudocoris yamashiroi. Männchen. Kerama, Japan. Tiefe 12 m. Länge 15 cm.

Pseudocoris yamashiroi. Kochi, Japan. Tiefe 15 m. B: Länge 25 mm. C: Länge 4 mm (B und C: Tomonori Hirata).

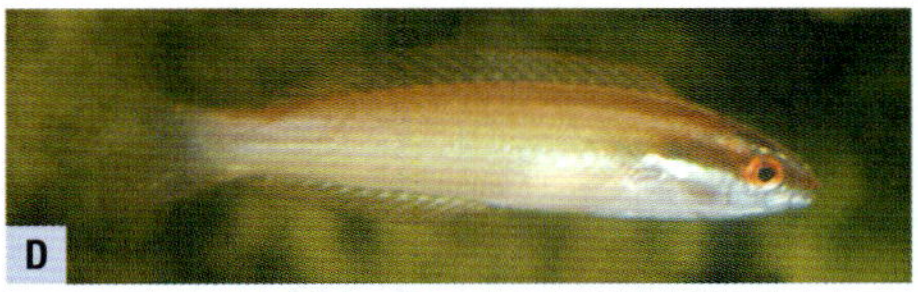

P. yamashiroi. Sydney, Australien. T. 5 m. L. 45 mm.

P. yamashiroi. Flores, Indonesien. T. 6 m. L. 75 mm.

Pseudocoris yamashiroi. G und H: Männchen. Bali, Indonesien. T. 12 m. L. 15 cm.

Pseudocoris yamashiroi. Variation. Malediven. Tiefe 10 m. I: Weibchen. Länge 65 mm. J: Männchen. Länge 15 cm.

Gelbband-Junker – Pseudocoris bleekeri

Coris bleekeri Hubrecht, 1876. Ceram Island.
Coris philippina Fowler & Bean, 1928. Philippinen.

Indonesien, Bali und Molukken bis Süd-Japan. Sand- und Geröllflächen, meist in Nähe von Felsengruppen im Brandungsbereich. In Gesellschaft anderer Fische im offenen Wasser auf der Jagd nach Zooplankton. Männchen mit gelbem Querstreifen oder Fleck auf dem Körper. Weibchen grün mit schwarzem „Ohrenfleck" und ähnlichem Fleck an der Schwanzflossenbasis. Länge bis 15 cm, meist 14 cm, in kühleren japanischen Gewässern etwas größer.

P. bleekeri. Männchen, Weibchen darüber in Abb. B. Bali. T. 5 m. L. 14 cm.

P. bleekeri. Jungfische. Aquarienimporte von den Philippinen. Länge 55–60 mm.

Pseudocoris bleekeri. Männchen. Japan. E: Kerama. Tiefe 12 m. Länge 13 cm. F: Kochi. Tiefe 25 m. Länge 15 cm (Tomonori Hirata).

Pseudocoris bleekeri. Männchen. Bali, Indonesien. Tiefe 20 m. Länge 12 cm.

Torpedo-Junker – Pseudocoris heteroptera

Julis (Halichoeres) heteropterus Bleeker, 1857. Ambon.

In Indik und West-Pazifik weit verbreitet, gelegentlich bis Süd-Japan, Nordost-Australien. Im westlichen Indik möglicherweise eine andere Art. Küstennahe und -ferne Riffdächer, meist in wenigen Metern Tiefe. Auf der Suche nach Zooplankton auch weit vom Riff entfernt im Freiwasser entlang von Abhängen. Weibchen in kleinen Gruppen, meist mit einem Männchen in der Nähe. Schnelle Farbwechsel beim Aufstieg vom Grund ins offene Wasser. Das gestreifte Weibchen-Kleid weicht dann einem gleichmäßigen Grau, so dass die Tiere schwer zu erkennen sind. Männchen mit variablen Querstreifen; das Muster wechselt stimmungsabhängig, wie auf den Fotos zu sehen ist. Länge bis zu 20 cm.

A

B

P. heteroptera. Balzendes Männchen. Tulamben, Bali. Tiefe 15 m. Länge 18 cm.

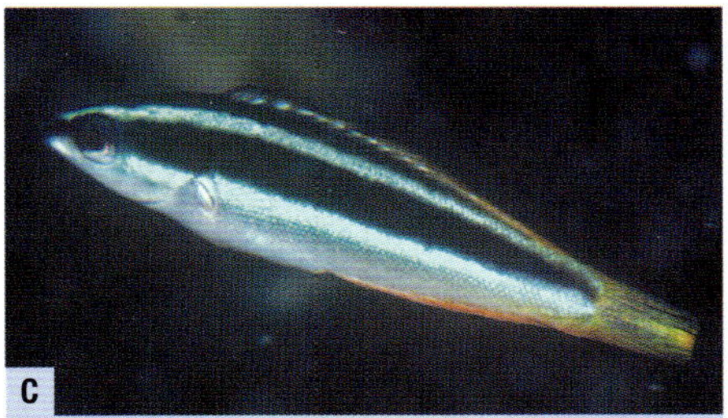
C

P. heteroptera. Bali, Indonesien. T. 15 m. L. 6 cm.

D

Pseudocoris heteroptera. Männchen. Tulamben, Bali. Tiefe 5 m. Länge 20 cm.

E

P. heteroptera. Bali, Indonesien. T. 15 m. L. 12 cm.

F

Pseudocoris heteroptera. Aquarium. Vom Ribbon Reef, Qld. T. 10 m (Fenton Walsh).

G

H

Pseudocoris heteroptera. Flores, Indonesien. G: Jungfisch. Tiefe 3 m. Länge 10 cm. H: balzendes Männchen. Tiefe 2 m. Länge 18 cm.

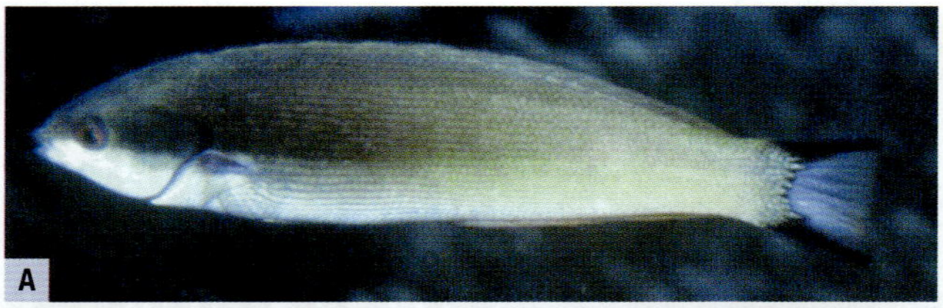

Afrikanischer Torpedo-Junker – Pseudocoris sp.

Unbeschriebene Art.

Bekannt aus KwaZulu-Natal; von Jerry Allen bei Madagaskar beobachtet, doch wahrscheinlich weiter verbreitet. Jungfische ähneln denen der vermutlich nah verwandten Art *P. heteroptera*. In 25–50 m Tiefe. Länge unbekannt, doch wahrscheinlich bis 15 cm.

Pseudocoris cf. *heteroptera*. A: Männchen. B: Weibchen. C: Jungfisch. Tiefe 25–35 m (A–C: Dennis King).

P. aurantiofasciata. Männchen. Flores, Indonesien. T. 35 m. L. 18 cm.

Rost-Junker – Pseudocoris aurantiofasciata

Pseudocoris aurantiofasciatus Fourmanoir, 1971. Tuamotu Archipelago.

Im West-Pazifik weit verbreitet. Tiefe Drop-Offs, meist an Außenriffwänden in Tiefen von mehr als 30 m. Kleine Gruppen von Weibchen mit einem dominanten Männchen. Am schmalen weißen Querstreifen zu identifizieren. Männchen mit zusätzlichen schwarzen Streifen mit rostbraunen Zwischenräumen auf dem Vorderkörper, die sich bei der Balz orange färben. Länge bis 20 cm.

Pseudocoris aurantiofasciata. Männchen. Flores, Indonesien. Tiefe 35 m. Länge 18 cm.

Pseudocoris aurantiofasciata. Männchen und Weibchen. Flores, Indonesien. T. 35 m. L. 18 cm.

Gattung Pseudojuloides Fowler, 1949

Maskulin. Typus-Art: *Pseudojulis cerasina* Snyder, 1904. Eine kleine indopazifische Gattung mit 13 Arten. Eine fragwürdige Art ist nur von einem einzigen Exemplar her bekannt und wird als *Pseudojuloides inornatus* (Gilbert, 1890) bezeichnet.

1 *Pseudojuloides argyreogaster* (Playfair & Günther, 1867) – Schlanker Wangenring-Junker (nicht abgeb.)
2 *Pseudojuloides atavai* Randall & Randall, 1981 – Polynesischer Junker (S. 182)
3 *Pseudojuloides* cf. *atavai* – Saipan-Junker (S. 182)
4 *Pseudojuloides cerasinus* (Snyder, 1904) – Zuckerstangen-Junker (S. 180)
5 *Pseudojuloides elongatus* Ayling & Russell, 1977 – Gestreckter Junker (S. 184)
6 *Pseudojuloides* cf. *elongatus* (Japan) – Gelbbauch-Junker (S. 185)
7 *Pseudojuloides* cf. *elongatus* (WA) – Westlicher Gelbbauch-Junker (nicht abgebildet)
8 *Pseudojuloides erythrops* Randall & Randall, 1981 – Weißbauch-Junker (S. 183)
9 *Pseudojuloides kaleidos* Kuiter & Randall, 1995 – Blaunasen-Junker (S. 181)
10 *Pseudojuloides mesostigma* Randall & Randall, 1981 – Sattel-Junker (S. 181)
11 *Pseudojuloides pyrius* Randall & Randall, 1981 – Rotgesicht-Junker (nicht abgebildet)
12 *Pseudojuloides severnsi* Bellwood & Randall, 1995 – Schabracken-Junker (S. 183)
13 *Pseudojuloides xanthomos* Randall & Randall, 2000 – Gelber Junker (nicht abgebildet)

Die Gattung umfasst eine Gruppe kleiner Arten, bei denen die Männchen auffällig gefärbt sind. Man findet sie meistens auf tiefen Abhängen mit Geröll und reichem Wirbellosen- und Algenbewuchs, meistens unter Außenriff-Drop-Offs. Wenige Arten sind in flachen, verkrauteten Lebensräumen zu finden. Sie ernähren sich hauptsächlich von kleinen Röhrenwürmern, deren Hülle sie zerbeißen. Einige Arten habe ich im Aquarium gehalten und mit einem hauptsächlich aus Mysiden und *Galeolaria*-Würmern bestehenden Futter vom Jungtier bis zum adulten Fisch aufgezogen.

Pseudojuloides cerasinus, die Typus-Art der Gattung. Ein Pärchen im Aquarium des Autors. Die Tiere wurden als Jungfische bei Montague Island gefangen. Die Weibchen der meisten Arten ähneln einander, wohingegen die Männchen auffällig und unterschiedlich gezeichnet sind. Weibchen können sich innerhalb einer Woche in ein Männchen umwandeln.

Zuckerstangen-Junker – P. cerasinus

Pseudojulis cerasina Snyder, 1904. Hawaii.

Im Indik und West-Pazifik weit verbreitet; Erwachsene bis in subtropische Bereiche. Meist auf tiefen Hängen mit Korallen- und Algenbewuchs. Weibchen rosa, Männchen mit leuchtenden Streifen. In Sydney gefangene und im Aquarium aufgezogene Tiere änderten ihre Farbe von Rosa zur Männchen-Zeichnung in etwa einer Woche. Länge bis 12 cm.

A

P. cerasinus. Männchen. GBR, Australien. T. 25 m. L. 12 cm (Phil Woodhead).

B

Pseudojuloides cerasinus. Geschlechtswechsel. NSW, Australien. T. 25 m. L. 10 cm.

C

D

P. cerasinus. Montague I., NSW, Australien. Weibchen und Männchen im Kelp.

E

Pseudojuloides cerasinus. Kochi, Japan. Männchen und Weibchen. Tiefe 25 m. Längen 7 und 9 cm (Tomonori Hirata).

Afrikanischer Zuckerstangen-Junker Pseudojuloides cf. cerasinus

Unbeschriebene Art.
Wahrscheinlich auf den westlichen Indik beschränkt. Wurde bisher als zu *Pseudojuloides cerasinus* gehörig betrachtet, stellt aber eine eigene Art dar. Beobachtete Tiefe 15–40 m (Dennis King). Länge bis zu 12 cm.

A

B

Pseudojuloides cf. *cerasinus.* KwaZulu-Natal, Süd-Afrika. Männchen und Weibchen. Tiefe etwa 25 m (Dennis King).

Blaunasen-Junker – Pseudojuloides kaleidos

Pseudojuloides kaleidos Kuiter & Randall, 1995. Malediven.

Indik und West-Pazifik, von den Malediven bis ins südliche Indonesien östlich bis Flores. Geröllabhänge mit niedrigem Algen- und Wirbellosen-Bewuchs, meist in strömungsreichen Kanälen. Jungfische und Weibchen bilden kleine Gruppen. Männchen meist einzeln, nehmen größere Riffbereiche in Anspruch. Bis zu 10 cm.

A

Pseudojuloides kaleidos. Männchen. Maumere, Flores. Tiefe 25 m. Länge 10 cm.

B

C

Pseudojuloides kaleidos. Sunda Strait. Tiefe 20 m. B: Weibchen. Länge 6 cm. C: Männchen. Länge 9 cm.

Satteljunker – Pseudojuloides mesostigma

Pseudojuloides mesostigma Randall, 1981. Philippinen.

Nur vom südlichen Japan bis Milne Bay, Papua-Neuguinea, und vom östlichen Irian Jaya bekannt. Wahrscheinlich weiter verbreitet. In Tiefen von 30–40 m und mehr. Männchen mit schwarzen Körper-Fleck und schwarzem Schwanz, Weibchen rosa. Bis 85 mm.

A

P. mesostigma. Männchen, Balz. Milne Bay, PNG. Tiefe 37 m. Länge 8 cm.

B

C

D

E

P. mesostigma. Kochi, Japan. B und C: Tiefe 44 m. Längen 40–45 mm. D und E: Männchen. Tiefe 36 m. Länge 10 cm (B–E: Tomonori Hirata).

A

P. atavai. Männchen. Aquarium. Herkunft unbekannt. Länge 12 cm (Yutaka Niino).

Polynesischer Junker Pseudojuloides atavai

Pseudojuloides atavai Randall, 1981. Gesellschaftsinseln.

Südlicher Pazifik, Gesellschaftsinseln, Pitcairn und Mikronesien. Außenriffe bis in etwa 30 m Tiefe. Beide Geschlechter sind leicht an ihrer Zeichnung zu erkennen. Im Gegensatz dazu unterscheiden sich die Weibchen der meisten anderen Arten der Gattung kaum. Länge bis zu 13 cm.

B

C

Pseudojuloides atavai. Weibchen. B: Saipan. Länge 10 cm. Tiefe 20 m (Yasuaki Miyamoto). C: Cook Isl., Süd-Pazifik (Helmut Debelius).

Saipan-Junker Pseudojuloides cf. atavai

Unbeschriebene Art.

Diese Art von Saipan scheint noch unbeschrieben zu sein. Das oben gezeigte Weibchen vom gleichen Ort könnte zu dieser Art gehören, soll jedoch *Pseudojuloides atavai* darstellen. Hier sind weitere Unterwasser-Beobachtungen notwendig.

A

B

C

Pseudojuloides cf. *atavai.* Saipan. Männchen. L. 10 cm. Tiefe 15 m (A–C: Yasuaki Miyamoto).

Weißbauch-Junker
Pseudojuloides erythrops

Pseudojuloides erythrops Randall, 1981. Mauritius.

Nur von Mauritius und den Seychellen bekannt. Küstenferne Riffe in 50–60 m Tiefe. Männchen mit blauen Kopf und weißem Bauchfleck. Weibchen rosa wie die der nächsten Art. Bis 10 cm. Anmerkung: Das Foto zeigt den Holotyp.

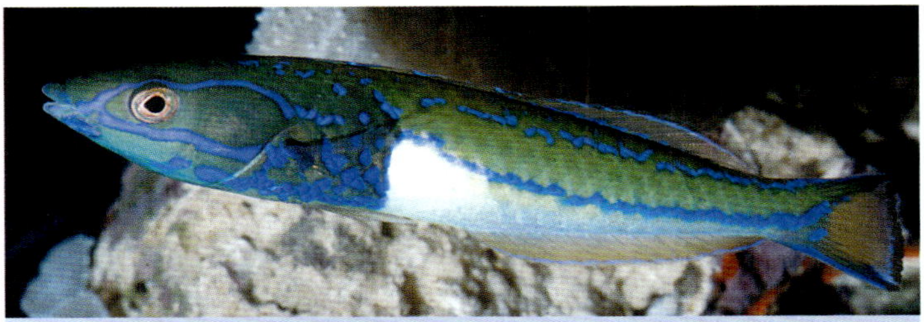

P. erythrops. Aquarium. Mauritius. Aus 57 m Tiefe. Länge 10 cm (Roger Steene).

Schabracken-Junker
Pseudojuloides severnsi

Pseudojuloides severnsi Bellwood & Randall, 2000. Alor Island, Indonesien.

Gelegentlich im West-Pazifik, Süd-Japan bis Indonesien. Von Aquarientieren in Sri Lanka nahm man an, dass sie aus der Umgebung stammen. An Hängen in der Nähe von Drop-Offs bis 50 m Tiefe. Länge bis zu 11 cm.

A

P. severnsi. Philippinen. Tiefe 20 m. Länge 11 cm (Roger Steene).

B

C

Pseudojuloides severnsi. Japan. B: Kochi. Tiefe 42 m. Länge 9 cm (Tomonori Hirata). C: Oshima. Tiefe 45 m. Länge 11 cm (Yasuaki Miyamoto).

D

E

Pseudojuloides severnsi. Oshima, Japan. D: Tiefe 40 m. Länge 9 cm. E: Tiefe 48 m. Länge 10 cm (Yasuaki Miyamoto).

F

Pseudojuloides severnsi. Männchen. Kochi, Japan. Tiefe 42 m. Länge 10 cm (Tomonori Hirata).

Gestreckter Junker – Pseudojuloides elongatus

Pseudojuloides elongatus Ayling & Russell, 1977. Neuseeland.

Disjunkte Populationen in subtropischen Gewässern im Osten und Westen Australiens. Lord-Howe- und Norfolk-Inseln, gelegentlich im Norden Neuseelands. In Häfen wie auch in Tiefen von bis zu 25 m. Auf Geröll mit Bewuchs von *Ecklonia*-Kelp. Länge bis zu 13 cm; soll bei Neuseeland 15 cm erreichen, vermutlich bedingt durch niedrigere Wassertemperaturen.

P. elongatus. Männchen. Aquarium. Sydney, Australien. Länge 90 mm.

Pseudojuloides elongatus. Sydney, Australien. B: Pärchen. Tiefe 2 m. Länge 10 cm. C: Jungfisch. 45 mm. D: Weibchen. Tiefe 4 m. Länge 9 cm.

P. elongatus. Australien. E: Männchen. Moreton Bay, Qld. F und G: Weibchen und Männchen. Lord Howe Island. T. 22 m (E–G: Neville Coleman).

Pseudojuloides elongatus. Männchen. Seal Rocks, NSW, Australien. Länge 90 mm.

Gelbbauch-Junker – Pseudojuloides cf. elongatus

Pseudojuloides elongatus Ayling & Russell, 1977 (zum Teil).

Nur aus dem subtropischen Japan bekannt. Obwohl nahe verwandt, unterscheiden sich die Männchen deutlich von der Schwesterart der südlichen Hemisphäre, *Pseudolabrus elongatus*. Auf felsigen Riffen mit guten Algen- und spärlichem Kelp-Bewuchs in bis etwa 15 m Tiefe. Männchen sind auffällig gefärbt, auch wenn sie sich nicht in Balzstimmung befinden. Sie schwimmen entlang der Felsflächen und in Löcher, wo sich die grünen bis rotbraunen Weibchen in lockeren Verbänden befinden. Länge bis zu 13 cm.

Pseudojuloides cf. *elongatus*. Männchen. Izu Oceanic Park. Tiefe etwa 6–10 m. Länge 12–13 cm. Verschiedene Individuen.

Gattung Anampses Quoy & Gaimard, 1824

Maskulin. Typus-Art: *Anampses cuvieri* Quoy & Gaimard, 1824. Kleine indopazifische Gattung mit 13 Arten. Einige Arten im Indopazifik weit verbreitet, andere in kleineren Regionen endemisch.

1 *Anampses caeruleopunctatus* (Rüppell, 1829) – Blautüpfel-Junker (S. 191)
2 *Anampses chrysocephalus* Randall, 1958 – Perlenketten-Junker (S. 194)
3 *Anampses cuvier* Quoy & Gaimard, 1824 – Cuviers Junker (nicht abgebildet)
4 *Anampses elegans* Ogilby, 1889 – Eleganter Junker (S. 196)
5 *Anampses femininus* Randall, 172) – Blauschwanz-Junker (S. 195)
6 *Anampses geographicus* Valenciennes, 1840 – Olivgrüner Junker (S. 189)
7 *Anampses lennardi* Scott, 1959 – Lennards Junker (S. 194)
8 *Anampses lineatus* (Randall, 1972) – Strichel-Junker (S. 193)
9 *Anampses melanurus* Bleeker, 1857 – Sternenhimmel-Junker (S. 192)
10 *Anampses meleagrides* Valenciennes, 1840 – Gelbschwanz-Junker (S. 190)
11 *Anampses neoguinaicus* Bleeker, 1878 – Schwarzrücken-Junker (187)
12 *Anampses twistii* Bleeker, 1856 – Twists Junker (S. 188)
13 *Anampses viridis* Valenciennes, 1840 – Grüner Meißelzahn (nicht abgebildet)

Die Gattung umfasst eine Gruppe kleiner bis mittelgroßer Lippfische. Die meisten sind sehr schön gefärbt, wenn sie sich am Ende des pelagischen Stadiums in Substratnähe niederlassen. Kleine Jungfische wirken oft wie ein von der Strömung verdriftes Blatt, doch schwimmen sie mit Hilfe ihrer großen transparenten Flossen, den Kopf nach unten gerichtet, und biegen dabei langsam ihren Körper. Einige ähneln auch durch ihre Zeichnung einem Blatt, andere erwecken durch große Augenflecke den Eindruck eines größeren Fisches. Die Umwandlung zum Weibchen verleiht ihnen eine völlig andere Färbung, und das Kleid der Männchen sieht wieder völlig anders aus. Die Fische fressen hartschalige Wirbellose, die mit Hilfe der meißelartigen Zähne geräuschvoll geöffnet werden. Adulte wandern auf der Suche nach Beute über seichte Riffflächen.

Viele Arten der Gattung sind im Aquarium mit Erfolg gepflegt worden. Voraussetzung dafür ist eine Fläche feinen Sandes. Einige Arten habe ich vom Jungfischstadium an aufgezogen und vor allem mit Mysiden und *Galeolaria*-Würmern gefüttert. Jungfische lassen sich gut in Gesellschaft anderer Arten pflegen; sie eignen sich jedoch nicht für das Wirbellosen-Aquarium.

Anampses femininus. Montague Island, New South Wales. In diesem Fall ist das Weibchen genauso farbig wie das Männchen. Jungfische zeigen häufig gegenüber liegende Ocelli auf Rücken- und Afterflosse. Die ungewöhnliche Färbung und die Augenflecke sind wohl bei den langen Zeiten der Nahrungssuche über dem Bodengrund von Vorteil.

Schwarzrücken-Junker – A. neoguinaicus

Anampses neoguinaicus. Bleeker, 1878. Molukken.

West-Pazifik, von Japan entlang der Ostküste von Neuguinea bis Ost-Australien sowie entlang der Wallace-Linie südlich bis West-Bali. Am oberen Teil von Hängen und auf mit *Acropora* bewachsenen Riffdächern in Küstennähe. Adulte in kleinen lockeren Weibchen-Gruppen mit dominantem Männchen in der Nähe. Jungfische einzeln zwischen Korallen. Bis 12 cm.

B

C

D

A. neoguinaicus. Jungfische. NSW, Australien.
B und C: Sydney, Tiefe 4–5 m. Länge 24–30 mm.
D: Montague I. Tiefe 6 m. Länge 45 mm.

A

Anampses neoguinaicus. Männchen. Milne Bay, PNG. Tiefe 10 m. Länge 12 cm.

E

A. neoguinaicus. Weibchen. Kalimantan, Indonesien. Tiefe 10 m. Länge 11 cm.

F

Anampses neoguinaicus. Weibchen. Milne Bay, PNG. Tiefe 10 m. Länge 10 cm.

G

Anampses neoguinaicus. Männchen. Milne Bay, PNG. Tiefe 10 m. Länge 12 cm.

Twists Junker – Anampses twistii

Anampses twistii Bleeker, 1856. Ambon.

In Indik und West-Pazifik weit verbreitet. Rot-Meer-Population adult mit gelbem Kopf, möglicherweise eine eigene Unterart. Klare Küstengewässer bis hin zu Ebenen und Hängen in Korallenriffen. Meist einzeln zwischen großen Korallen. Kleine Jungfische schwimmen mit dem Kopf nach unten und zeigen ihre Augenflecke. Länge bis zu 16 cm.

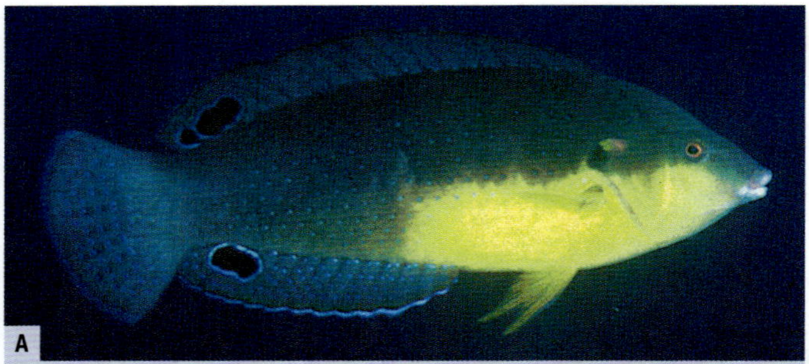

Anampses twistii. Männchen. Sangihe Isl., Indonesien. Tiefe 16 m. Länge 16 cm.

Anampses twistii. Indonesien. B: Bali. Tiefe 6 m. Länge 12 cm. C: Sulawesi. 7 m. Länge 35 mm.

Anampses twistii. Kochi, Japan. Tiefen 6–11 m. Längen 13 und 6 cm (T. Hirata).

A. twistii. Rowley Shoals, WA. 30 m. Länge 30 mm.

Anampses twistii. Malediven. Tiefe 20 m. Länge 12 cm.

A. twistii. Kerama, Japan. 15 m. Länge 35 mm.

Twists Rotmeer-Junker
Anampses cf. twistii

Wahrscheinlich eine Unterart von *A. twistii*.

Rotes Meer. Adulte mit weitgehend gelbem Kopf. Weitere Abweichungen in der Färbung, vor allem durch die Punkte entlang der Schuppenreihen, die sowohl bei Jungtieren als auch erwachsenen Fischen zu sehen sind. Länge bis zu 15 cm.

A

B

C

Anampses cf. *twistii*. Ägypten, Rotes Meer. Tiefen 15–25 m. Längen: A 12 cm, B 8 cm, C 15 cm.

Olivgrüner Junker
Anampses geographicus

Anampses geographicus Valenciennes, 1840. Indik.

Weit verbreitet in Indik und West-Pazifik. Geschützte Lebensräume mit Weichkorallen und Algen. Jungfische olivgrün mit großen Ocelli an den Enden von Rücken- und Afterflosse. Adulte dunkelgrün. Den Männchen fehlen die Augenflecke; sie zeigen ein Wurmlinienmuster auf dem Kopf. In Tiefen von wenigen bis 20 m. Länge bis 22 cm.

A

A. geographicus. Männchen. Okinawa, Japan. T. 10 m. L. 15 cm (Tomonori Hirata).

B

C

D

Anampses geographicus. B und C: Jungfische, Sydney, Australien. Länge 30–40 mm. D: Flores, Indonesien. Tiefe 8 m. Länge 10 cm.

Gelbschwanz-Junker – A. meleagrides

Anampses meleagrides Valenciennes, 1840. Mauritius.

In Indik und West-Pazifik weit verbreitet. Küstennahe und -ferne Riffe. In mittleren Tiefen von 10 m und mehr entlang von Hängen und Wänden, oft zwischen Weichkorallen und Schwämmen, manchmal auf flachen Riffdächern. Jungfische und Weibchen leicht an dem weiß gepunkteten Körper und dem gelben Schwanz zu erkennen. Männchen unter Wasser leicht mit denen von *A. geographicus* zu verwechseln, außer wenn sie bei der Balz die blaugrünen Linien und Flecke auf dem Körper zeigen. Länge bis zu 22 cm.

Anampses meleagrides. Männchen. Malediven. Tiefe 25 m. Länge 20 cm.

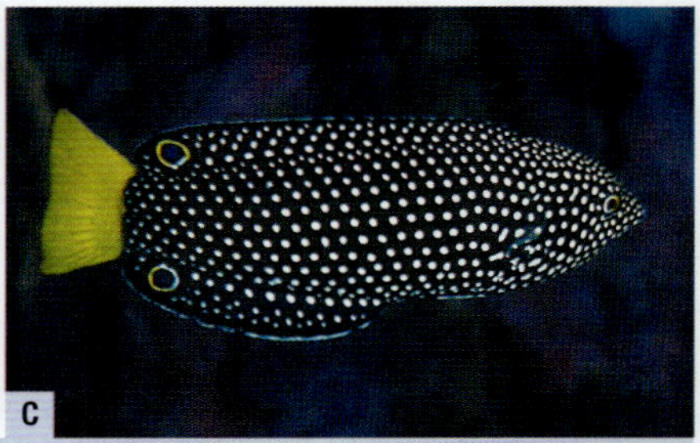

Anampses meleagrides. Bali, Indonesien. Tiefe 15–25 m. B: Männchen in Balzfärbung. Länge 20 cm. C Jungfisch. Länge 40 mm.

Anampses meleagrides. Männchen. Ägypten, Rotes Meer. Tiefe 20 m. Länge 20 cm.

Anampses meleagrides. Kerama, Japan. Tiefe 15 m. Länge 40 mm. Mit *A. twistii.*

Anampses meleagrides. Männchen in Balzfärbung. Muiron Island, WA. Tiefe 8 m. Länge 22 cm.

Blautüpfel-Junker
Anampses caeruleopunctatus

Anampses caeruleopunctatus Rüppell, 1828. Rotes Meer.

Im Indik und West-Pazifik bis in subtropische Regionen weit verbreitet. Flache geschützte Riffe und Lagunen, oft in Gruppen auf flachen Riffen mit gemischtem Algen- und Wirbellosenwachstum. Kleine Jungfische schwimmen mit auf den Boden gerichtetem Kopf und wiegen langsam ihren Körper, so dass sie wie ein treibendes Blatt wirken. Länge bis zu 35 cm, wird aber in subtropischen Gewässern länger.

A

Anampses caeruleopunctatus. Männchen. Kerama, Japan. Tiefe 20 m. Länge 25 cm.

B

C

Anampses caeruleopunctatus. B: Jungfisch. Sydney, Australien. Tiefe 3 m. Länge 25 mm. C: Malediven. Tiefe 25 m. Länge 15 cm.

D

E

Anampses caeruleopunctatus. D: Rowley Shoals, WA. Tiefe 6 m. Länge 65 mm. E: Weibchen. Bali, Indonesien. Tiefe 4 m. Länge 20 cm.

F

Anampses caeruleopunctatus. Männchen. Sangihe Islands, Indonesien. Tiefe 6 m. Länge 35 cm.

Sternhimmel-Junker – Anampses melanurus

Anampses melanurus Bleeker, 1857. Ambon.

Im West-Pazifik weit verbreitet, im Westen bis Bali, wo die Art gemeinsam mit der im Indik heimischen Schwesterart *A. lineatus* vorkommt. In kleinen Gruppen, die aus einigen Weibchen und einem dominanten Männchen bestehen. Am gelben Band an der Schwanzflossenbasis zu erkennen. Bis 13 cm, meist nur 12 cm.

Anampses melanurus. A–C Males. Tulamben, Bali. Tiefe 20-25 m. Länge 12 cm.

Anampses melanurus. Bali, Indonesien. T. 20 m. L. 20 mm.

Anampses melanurus. Kochi, Japan. E: Männchen. T. 22 m. L. 13 cm. F: Jungfisch. T. 15 m. L. 30 mm (E und F: Tomonori Hirata).

Anampses melanurus. G: Männchen. Kochi, Japan. T. 20 m. L. 12 cm (Tomonori Hirata). H: NSW, Australien. Tiefe 16 m. Länge 35 mm.

Anampses melanurus. Kochi, Japan. I: Weibchen. T. 22 m. L. 12 cm. J: Jungfisch. T. 15 m. L. 35 mm (I und J: Tomonori Hirata).

Strichel-Junker – Anampses lineatus

Anampses melanurus lineatus Randall, 1972.
Rotes Meer.
Rotes Meer und Indischer Ozean, im Osten bis Bali. Unterschiedliche Lokalformen. Vor allem an tiefen Drop-Offs in Tiefen von 20 m oder mehr. Jungfische leben einzeln, Erwachsene in kleinen Gruppen aus Weibchen und einem dominanten Männchen. Weibchen mit weißen Band an der Schwanzflossenbasis, Männchen mit Linien auf dem Körper. Männchen im Roten Meer zeigen auch das weiße Band. Bis 12 cm.

A. lineatus. Ägypten, Rotes Meer. T. 20 m. L. 10 cm. Männchen mit gelbem Fleck.

A. lineatus. Jungfisch. Malediven. T. 35 m. L. 35 mm.

Anampses lineatus. Weibchen. Malediven. Tiefe 35 m. Länge 12 cm.

A. lineatus. Weibchen. Malediven. T. 35 m. L. 10 cm.

Anampses cf. *lineatus.* Bali, Indonesien. Tiefe 20–25 m. F: Männchen. Länge 12 cm. G: Jungfisch. Länge 45 mm, H: Weibchen. Länge 10 cm.

Perlenketten-Junker – Anampses chrysocephalus

Anampses chrysocephalus Randall, 1958. Hawaii.

In Hawaii endemisch. Hauptsächlich an küstenfernen Riffen in mittleren Tiefen. Weibchen bilden kleine Gruppen, denen ein dominantes Männchen angehört. Jungfische und Weibchen mit zahlreichen weißen, Männchen mit blauen Flecken auf dem Körper. Weibchen besitzt rote Schwanzflosse, Männchen orangefarbenen Kopf mit blauer Zeichnung. Länge bis zu 18 cm.

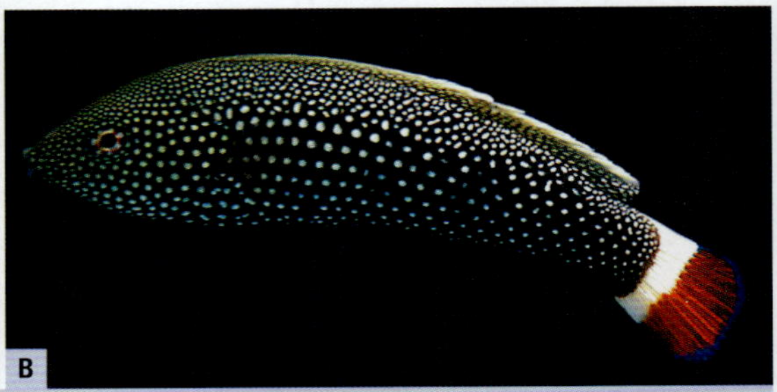

Anampses chrysocephalus. Aquarium. A: Jungfisch von etwa 9 cm Länge. B: Weibchen, etwa 12 cm (A und B: Yutaka Niino).

Lennards Junker – Anampses lennardi

Anampses lennardi Scott, 1959. Point Samson, West-Australien.

In West-Australien endemisch. Bekannt aus der Gegend von Exmouth und dem Dampier-Archipel. Auf flachen Riffen mit Algen und Geröll. Jungfische scheinen auf dem Rücken schwarzgelb zu sein,besitzen aber dünne weiße Linien. Weibchen sind strahlend blau und gelb. Männchen zeigen dicke blaue Streifen auf der Schwanzflosse. Eine große Art, die bis 28 cm lang werden soll.

Anampses lennardi. Aquarientiere von Dampier, WA. A: Jungfisch. L. 55 mm. B: Weibchen. L. 25 cm (A und B: Jerry Allen).

Blauschwanz-Junker – A. femininus

Anampses femininus Randall, 1958. Osterinsel.

Süd-Pazifik, von Australien bis zur Osterinsel. Felsige küstenferne Riffe, meist in kleinen Gruppen in Tiefen von 20 m oder mehr. Kleine Jungfische leben einzeln in flacherem Wasser zwischen Algen und Felsen. Weibchen ziehen sich bei Bedrohung in den Kelp zurück. Männchen leben einzeln und territorial. Sie vertreiben andere Männchen von großen Riffabschnitten. Länge bis zu 12 cm.

A

Anampses femininus. Männchen. Im Aquarium herangewachsenes Tier aus Sydney. L. 10 cm.

B

A. femininus. Sydney, Aus. T. 8 m. L. 25 mm.

C

D

Anampses femininus. NSW, Australien. A: Solitary Island. Tiefe 22 m. Länge 12 cm. D: Juvenil. Montague Island. Tiefe 20 m. Länge 65 mm.

E

F

Anampses femininus. Weibchen. Montague Island, NSW, Australien. Tiefe 20 m. Länge 85 mm.

G

Anampses femininus. Männchen balzt vor dem Weibchen. Aquarientiere, die als Jungfische in Sydney, Australien, gefangen wurden. L. 9–10 cm.

A

Anampses elegans. Weibchen. Sydney, Australien. Tiefe 4 m. Länge 20 cm.

Eleganter Junker – Anampses elegans

Anampses elegans Ogilby, 1889. Lord Howe Island.

New South Wales, Lord Howe Island und die Inseln des nördlichen Neuseeland. Kleine Jungfische zwischen mit Algen bewachsenen Felsen in geschützen Buchten in Küstennähe. In etwa 7–10 cm Größe bilden die Jungfische kleine Gruppen, die sich weit über das Riff verteilen, um kleine Würmer und Krebstiere zu suchen. Kleine Weibchen-Gruppen sieht man zwischen Felsen und *Ecklonia* sowie Geröll in mittleren Tiefen. Große Männchen leben einzeln und tiefer, oft bei 30 m, und suchen gelegentlich die Weibchen im flacheren Wasser auf. Bis 30 cm.

B

C

Anampses elegans. Jungfische. Sydney, Australien. Tiefe 3–5 m. Längen: B 45 cm, C 10 mm.

D

A. elegans. Weibchen. Lord Howe Island. T. 4 m. L. 24 cm (Neville Coleman).

E

A. elegans. Juvenil. Sydney. T. 3 m. L. 20 mm.

F

Anampses elegans. Männchen. Lord Howe Island. Tiefe 4 m. Länge 28 cm (Neville Coleman).

Gattung Stethojulis Günther, 1861

Feminin. Typus-Art: *Julis strigiventer* Bennett, 1832. Eine kleine indopazifische Gattung mit elf Arten. An verschiedenen Stellen im gesamten Indopazifik verbreitet.

1 *Stethojulis albovittata* (Bonnaterre, 1788) – Vierstreifen-Junker (S. 201)
2 *Stethojulis balteata* (Valenciennes, 1839) – Gürtelstreifen-Junker (nicht abgebildet)
3 *Stethojulis bandanensis* (Bleeker, 1851) – Banda-Junker (S. 200)
4 *Stethojulis interrupta* (Bleeker, 1851 – Kurzstreifen-Junker (S. 202)
5 *Stethojulis maculata* Schmidt, 1930 – Gelbohr-Junker (S. 203)
6 *Stethojulis marquesensis* Randall, 2000 – Gestreifter Marquesa-Junker (nicht abgebildet)
7 *Stethojulis notialis* Randall, 2000 – Norfolk-Junker (S. 202)
8 *Stethojulis strigiventer* (Bennett, 1832) – Silberstreifen-Junker (S. 198)
9 *Stethojulis terina* Jordan & Snyder, 1903 – Japanischer Junker (S. 203)
10 *Stethojulis trilineata* (Bloch & Schneider, 1801) – Dreistreifen-Junker (199)
11 *Stethojulis zatima* Jordan & Seale, 1905 – Rotohr-Junker (S. 203)

Die Gattung enthält verschiedene kleine Arten. Die Männchen zeigen meistens blaue Linien an Kopf und Körper, während die Weibchen eine Vielzahl kleiner Flecke besitzen. Die Fische bilden Gruppen verschiedener Größe; manchmal versammeln sie sich in sehr großer Zahl zum Ablaichen. Manche Arten bevorzugen Flussmündungen und Lagunen, andere eher küstenferne Lebensräume. Gemeinsam ist ihnen jedoch, dass sie in flacherem Wasser bis in 15 m Tiefe leben. Die Männchen sind verglichen mit vielen anderen Lippfischen weniger territorial. Oft sieht man Gruppen beiderlei Geschlechts, wobei die Weibchen jedoch meistens in der Überzahl sind. Die Lippfische dieser Gattung fressen meistens vom Substrat, indem sie kleine Wirbellose aus dem Sand zwischen Algen und Geröll heraussuchen.

Einige Arten sind schon im Aquarium gepflegt worden. Die Haltung hat sich aber schwieriger als die anderer Lippfische herausgestellt. Sie sind sehr aktiv und benötigen viel Schwimmraum. Geeignetes Futter muss ständig zur Verfügung stehen. Andernfalls verlieren die Fische rasch ihre Kondition.

Stethojulis terina. Izu Oceanic Park, Japan. Viele der Weibchen zeigen einen Laichansatz. Sie schwammen in einer endlosen Reihe von Tausenden von Weibchen am Riff entlang, mit vielen Männchen in unmittelbarer Umgebung.

Silberstreifen-Junker – S. strigiventer

Julis strigiventer Bennett, 1832. Mauritius.

Im Indik und West-Pazifik weit verbreitet. Küstennahe, veralgte Riffe sowie Lagunen mit Seegrasbewuchs. Kleine Gruppen verteilen sich über große Bereiche. Meist im flacheren Wasser bis in etwa 15 m Tiefe. Jungfische und Weibchen zeigen silbrige Linien an den unteren Seiten. Männchen mit einem gelben Seitenstreifen, der vor den Brustflossen lachsfarben ist. Länge bis zu 12 cm.

Stethojulis strigiventer. Männchen. Malediven. Tiefe 15 m. Länge 11 cm.

Stethojulis strigiventer. Australien. B: Moreton Bay, Qld. Tiefe 3 m. Länge 12 cm. C: Jungfisch. Aquarium, Tier aus Sydney. Länge 20 mm.

Stethojulis strigiventer. Rowley Shoals, WA. D: Männchen. Tiefe 7 m. L. 10 cm. E: Jungfisch. Tiefe 5 m. Länge 35 mm.

Stethojulis strigiventer. Indonesien. F: Männchen. Java. Tiefe 6 m. Länge 12 cm. G: Weibchen. Flores. T. 3 m. L. 8 cm.

Stethojulis strigiventer. Japan. H: Männchen. Kochi, T. 5 m. L. 10 cm. I: Weibchen. Ehime. Tiefe 6 m. Länge 5 cm (H und I: Tomonori Hirata).

Dreistreifen-Junker – Stethojulis trilineata

Labrus trilineatus Bloch & Schneider, 1801. Indien.

In Indik und West-Pazifik weit verbreitet. Küstennahe und -ferne Riffe mit klarem Wasser. Erwachsene in kleinen Gruppen oben an Drop-Offs oder auf dem Riffdach. Jungfische und Weibchen fein gepunktet, Männchen mit drei langen blauen Längsstreifen und einem vierten bis über die Brustflossen. Länge bis zu 14 cm.

Stethojulis trilineata. Pärchen. Flores, Indonesien. Tiefe 6 m. Länge 14 cm.

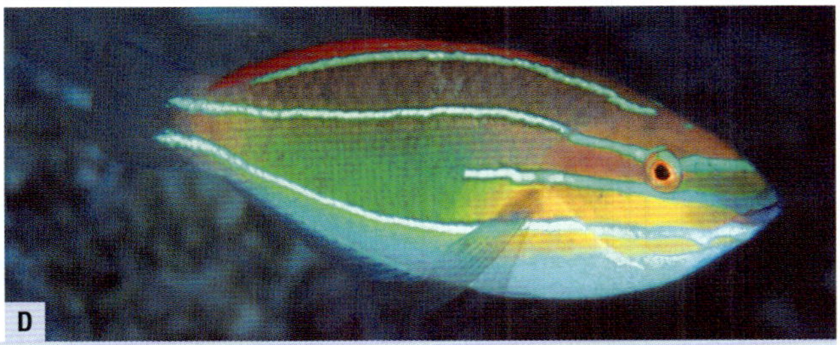

Stethojulis trilineata. Japan. B: Ehime. T. 0.2 m. L. 25 mm. C: Kochi. T. 1 m. L. 20 mm. D: Männchen. Kochi. T. 2 m. L. 10 cm (B–D Tomonori Hirata).

Stethojulis trilineata. Weibchen. Kochi, Japan. E: Tiefe 2 m. Länge 60 mm. D: Tiefe 2 m. Länge 7 cm (E–F: Tomonori Hirata).

Stethojulis trilineata. Männchen. Bali, Indonesien. Tiefe 5 m. Länge 14 cm.

Banda-Junker – Stethojulis bandanensis

Julis (*Halichoeres*) *bandanensis* Bleeker, 1851. Banda.

Im West-Pazifik bis in subtropische Bereiche weit verbreitet. Oft in kleinen Gruppen auf exponierten Flächen mit niedrigem Algenwuchs. Weibchen hauptsächlich blaugrau mit feinen weißen Punkten auf den oberen Seiten und einem orangeroten Fleck am Brustflossenansatz. Männchen mit blauen Streifen. Bis 14 cm.

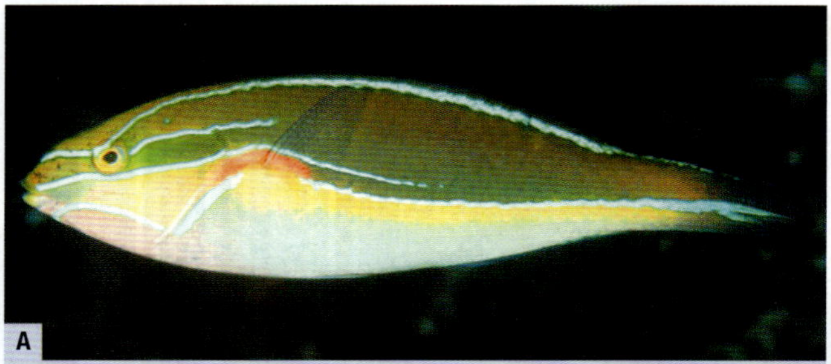

A

Stethojulis bandanensis. Männchen. Tulamben, Bali. Tiefe 5 m. Länge 14 cm.

B

Stethojulis bandanensis. Männchen. Mabul, Malaysia. Tiefe 7 m. Länge 14 cm.

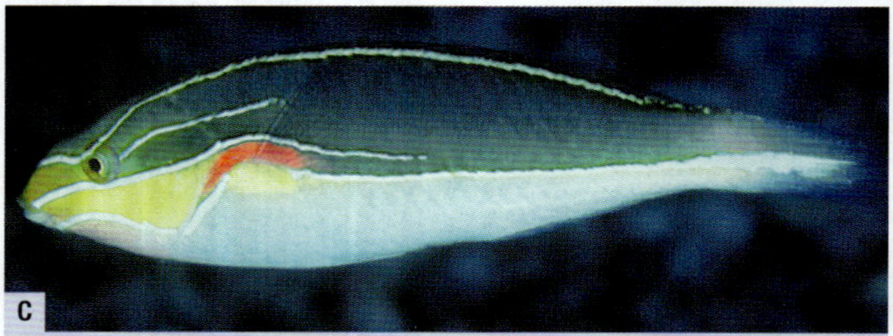

C

Stethojulis bandanensis. Männchen. Qld., Australien. T. 6 m. L. 14 cm.

D

S. bandanensis. Männchen, Balz. Kochi, Japan. T. 3 m. L. 10 cm (T. Hirata).

E

F

G

H

S. bandanensis. Juvenilstadien. Längen (von oben): 12 mm, 20 mm, 35 mm und 45 mm. F: Kochi, Japan (T. Hirata). E, G und H: Sydney, Australien. Tiefen: 2–4 m.

I

J

Stethojulis bandanensis. I: Männchen. NSW, Australien, T. 5 m. L. 12 cm. J: Weibchen. Kerama, Japan. Tiefe 3 m. Länge 10 cm..

Vierstreifen-Junker – Stethojulis albovittata

Labrus albovittata Bonnaterre, 1788. Kein Fundort.

Im Indischen Ozean weit verbreitet bis nach Bali, wo die Art sympatrisch mit ihrer Schwesterart *S. bandanensis* vorkommt. Männchen fehlt der rote Brustflossenansatz, und Weibchen weisen zwei weiße Linien auf. Flache Riffdächer und klare Lagunen, meist in kleinen, losen Gruppen. Länge bis 14 cm.

A *Stethojulis albovittata.* Männchen. Malediven. Tiefe 9 m. Länge 12 cm.

B *Stethojulis albovittata.* Malediven. T. 12 m. L. 6 cm.

C *Stethojulis albovittata.* Bali. T. 6 m. L. 10 cm.

D *Stethojulis albovittata.* Weibchen. Malediven. Tiefe 9 m. Länge 11 cm.

E *Stethojulis albovittata.* Männchen. Malediven. Tiefe 9 m. Länge 14 cm.

F *Stethojulis albovittata.* Männchen. Ägypten, Rotes Meer. Tiefe 8 m. Länge 14 cm.

A

B

S. notialis. Norfolk I. Tiefe 7 m. A: Männchen 10 cm. B: Weibchen (Malcolm Francis).

Norfolk-Junker – Stethojulis notialis

Stethojulis notialis Randall 2000. Fiji.

Fiji bis Neukaledonien und Norfolk-Insel. In kleinen Weibchen-Gruppen, meist von einem einzelnen Männchen begleitet. Halboffene mit Algen bewachsene Substrate. Nahe mit *S. interrupta* und *S. maculatus* aus Japan verwandt. Bei letzterem werden die dunklen Seitenflecke nach oben breiter. Länge bis 11 cm.

A

Stethojulis interrupta. Männchen. Bali, Indonesien. Tiefe 5 m. Länge 10 cm.

Kurzstreifen-Junker – Stethojulis interrupta

Julis (Halichoeres) interruptus Bleeker, 1851. Banda.

Indik und West-Pazifik, Indonesien bis Australien und Südafrika. Verscheidene Lokalformen, von denen einige wahrscheinlich separate Arten sind. Hauptsächlich nahe des Festlands. In kleinen Gruppen, meist in bis zu 20 m Tiefe. Jungfische auf veralgten Felsriffen. Männchen mit unterbrochenem Seitenstreifen. Große Exemplare mit dunklen Flecken wie in Abbildung B. Länge bis zu 12 cm.

B

Stethojulis interrupta. Männchen. Sydney, Australien. Tiefe 6 m. Länge 12 cm.

C

D

Stethojulis interrupta. NSW, Australien. C: Männchen. Montague I. Tiefe 20 m. Länge 10 cm. D: Weibchen. Bondi. Tiefe 20 m. Länge 10 cm.

E

F

Stethojulis interrupta. NSW, Australien. E: Männchen. Coogee. Tiefe 5 m. Länge 10 cm. F: Jungfisch. Seal Rocks. Tiefe 5 m. Länge 60 mm.

G

H

Stethojulis interrupta. Variation. Ägypten, Rotes Meer. Tiefe 6 m. G: Männchen. Länge 12 cm. H: Jungfisch. Länge 45 mm.

Gelbohr-Junker – Stethojulis maculata

Stethojulis maculatus Schmidt. 1930. Japan.

Scheint auf die mehr nördlichen Inseln der Ryukyu-Gruppe beschränkt zu sein. Männchen sind an dem Seitenfleck zu erkennen, der sich in vier Ausläufern die Seite hinunterzieht. Weibchen ähnlich wie bei *S. zatima*, doch der Streifen auf der Seite ist vollständig gelb. Länge bis zu 12 cm.

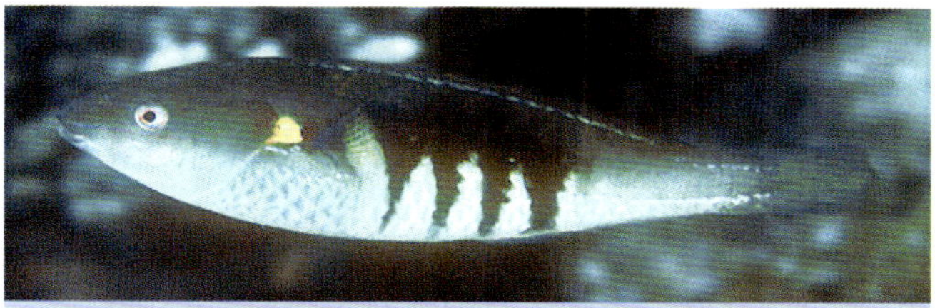

Stethojulis maculata. Männchen. Ogasawara I., Japan. Yusuke Yoshino.

Rotohr-Junker – Stethojulis zatima

Stethojulis zatima Jordan & Seale, 1905. Philippinen.

Philippinen bis Malaysia und Kalimantan; ersetzt *S. interrupta*. Weibchen mit gelbem Streifen, der unter dem Auge silberblau wird. Männchen mit durchgehendem Streifen und dunklem „Ohr". Länge bis 12 cm.

A

B

C

S. zatima. A und B: Mabul, Malaysia. T. 10 m. A: Männchen. L. 11 cm. B: Weibchen. L. 8 cm. C: Männchen. Derawan, Kalimantan. T. 15 m. L. 12 cm.

Japanischer Junker – Stethojulis terina

Stethojulis terina Jordan & Snyder, 1902. Japan.

Subtropisches Japan bis Taiwan. Felsriffe in Küstennähe mit Kelp oder anderem Algenbewuchs. Kleine bis sehr große Gruppen. In etwa 25 m Tiefe, meist über Sand oder Geröll. Leicht an der in jedem Alter charakteristischen Farbe zu identifizieren. Länge bis 14 cm, meist nur 12 cm.

A

Stethojulis terina. Männchen. Izu Oceanic Park, Japan. Tiefe 10 m. L. 12 cm.

B

C

Stethojulis terina. Japan. B: Jungtier. Kochi. T. 5 m. L. 35 mm (Tomonori Hirata). C: Männchen. Oshima. T. 15 m. L. 11 cm.

D

E

Stethojulis terina. Laichreife Weibchen. Izu Oceanic Park. Tiefe 10 m. Längen 9 cm.

Gattung Hemigymnus Günther, 1861

Maskulin. Typus-Art: *Mulles fasciatus* Thunberg, 1795. Eine kleine Gattung des tropischen Indopazifiks mit drei Arten. Zwei sind im Indopazifik verbreitet und eine ist im Roten Meer endemisch.

1 *Hemigymnus fasciatus* (Bloch, 1792) – Masken-Zebralippfisch (diese Seite)
2 *Hemigymnus melapterus* (Bloch, 1791) – Schwarz-Weiß-Lippfisch (S. 205)
3 *Hemigymnus sexfasciatus* (Rüppell, 1835) – Rotmeer-Zebralippfisch (S. 205)

Erwachsene Tiere mit dicken, fleischigen Lippen; im Vergleich zu anderen Lippfischen recht hochrückig. Meist einzeln an Riffrändern über Sand- und Geröllflächen. Kleine Jungfische in Geröllriffen mit langstacheligen Seeigeln; schwimmen mit dem Kopf nach unten und drehen langsam ihre Körper. Gut für das Aquarium geeignet, werden jedoch sehr groß. Sie fressen verschiedene kleine Wirbellose. Erwachsene Tiere nehmen oft ein Maul voll Sand oder Kies auf, um Fressbares herauszufiltern.

A

Hemigymnus fasciatus. Wahrscheinlich Weibchen. Malediven. Tiefe 20 m. Länge 35 cm.

Masken-Zebralippfisch – H. fasciatus

Labrus fasciatus Bloch, 1792. Kein Ort.

In Indik und West-Pazifik weit verbreitet. Hänge und Drop-Offs. Jungfische versteckt in küstennahen Riffen. Große Adulte schwimmen einzeln oder in kleinen Gruppen offen über dem Riff. Von Alter und Geschlecht abhängig verschiedene Farbphasen. Weibchen mit vier weißen Streifen, schwarzen Brustflossen und orangegelber Schwanzflosse. Männchen mit Muster auf dem Kopf, das seine Farbe während der Balz verändert. Bis 45 cm.

B

C

Hemigymnus fasciatus. Australien. B: großer Jungfisch. Lizard I., Qld. Tiefe 15 m. Länge 20 cm. C: Jungfisch. Sydney. Tiefe 4 m. Länge 30 mm.

D

Hemigymnus fasciatus. Männchen. Padangbai, Bali. Tiefe 15 m. Länge 45 cm.

Schwarz-Weiß-Lippfisch – H. melapterus

Labrus melapterus Bloch, 1791. Kein Ort.

Im Indik und West-Pazifik weit verbreitet, gelegentlich außerhalb des Verbreitungsgebietes bis in subtropische Bereiche. Hänge und Drop-Offs. Jungfische küstennah, Adulte in tieferem Wasser. Meist einzeln. Jungtiere grün; ein weißer Querstreifen zeigt sich hinter der Brustflosse und leitet die Entwicklung zur in Abbildung B gezeigten Schwarz-Weiß-Färbung ab einer Länge von 7 cm ein. Länge bis 50 cm.

A

Hemigymnus melapterus. Java, Indonesien. T. 6 m. L. 45 cm.

B

H. melapterus. Flores, Indonesien. T. 6 m. L. 15 cm.

C

Hemigymnus melapterus. Rowley Shoals, WA. T. 6 m. L. 40 cm.

D

E

F

G

Hemigymnus melapterus. Jungfische. D–F: Sydney, Australien. G: Malediven. Längen (links nach rechts): 10 mm, 15 mm, 25 mm und 50 mm.

Rotmeer-Zebralippfisch Hemigymnus sexfasciatus

Halichoeres sexfasciatus Rüppell, 1835. Rotes Meer.

Im Roten Meer endemisch. Auf Geröll, meist einzeln. Jungfische dunkelgrün mit sechs Streifen, die mit dem Alter breiter werden. Weibchen schwarz mit weißen Streifen, Bauchflossen weiß, Schwanzflosse schwarz mit weißem Streifen an der Basis. Männchen mit rosa Flecken auf dem Kopf. Bis 40, wahrscheinlich 45 cm.

A

B

Hemigymnus sexfasciatus. A: Jungfisch. Länge 75 mm. B: Weibchen. Ägypten, Rotes Meer. Tiefe 10 m. Länge 35 cm.

Register der wissenschaftlichen und deutschen Namen

Mehr über die interessantesten Meeresbewohner

1. *Kuiter, Rudie H.:*
   SEEPFERDCHEN, SEENADELN, FETZENFISCHE UND IHRE VERWANDTEN.
   Syngnathiformes.
   2001. 240 S., 1120 Fotos, 60 Zeichn. Kt. ISBN 3-8001-3244-3
2. *Debelius, Helmut + Kuiter, Rudie H.:*
   DOKTORFISCHE, KANINCHENSCHE, HALFTERFISCHE UND IHRE VERWANDTEN.
   Acanthuroidei.
   2002. 208 S., 800 Fotos, Kt. ISBN 3-8001-3669-4
3. *Kuiter, Rudie H.:*
   LIPPFISCHE UND IHRE VERWANDTEN.
   Labridae.
   2002. 208 S., 1290 Fotos, ISBN 3-8001-3973-1